Disfruta pintan flores con pintura acrílica

Gloria M. Morán

netbiblo

www.netbiblo.com

uta pintando flores con pintura acrílica

Técnicas paso a paso muy fáciles y rápidas

Gloria M. Morán

Disfruta pintando flores con pintura acrílica

netbiblo
www.netbiblo.com

NETBIBLO, S. L.
C/. Rafael Alberti, 6 bajo izq.
Sta. Cristina 15172 Oleiros (La Coruña) – Spain
Tlf: +34 981 91 55 00 • Fax: +34 981 91 55 11
www.netbiblo.com
editorial@netbiblo.com

Miembro del Foro Europeo de Editores

ISBN 978-84-9745-344-8
Depósito Legal: C-3745-2008

Directora Editorial: Cristina Seco López
Editora: María Martínez
Fotografías: Antonio Mirzaiee, Reza Mirzaiee y Gloria M. Morán
Producción Editorial: Gesbiblo, S. L.

Impreso en España – Printed in Spain

Esta obra está dedicada a mi familia, sobre todo
a mi madre, y a mis amigos y amigas que me
animaron desde el principio a publicarla.
Especialmente agradezco a mi marido David y a
mis hijos Antonio y Reza sus sugerencias, así como
su continuo apoyo moral y técnico en el proceso de
crearla y editarla.
También quiero agradecer al equipo editorial
de Netbiblo, en especial a la Directora editorial
Cristina Seco y a la editora María Martínez, la
dedicación, el esfuerzo sostenido y la ilusión
que han puesto en este proyecto que
también han hecho suyo.

Directorio de flores para pintar paso a paso

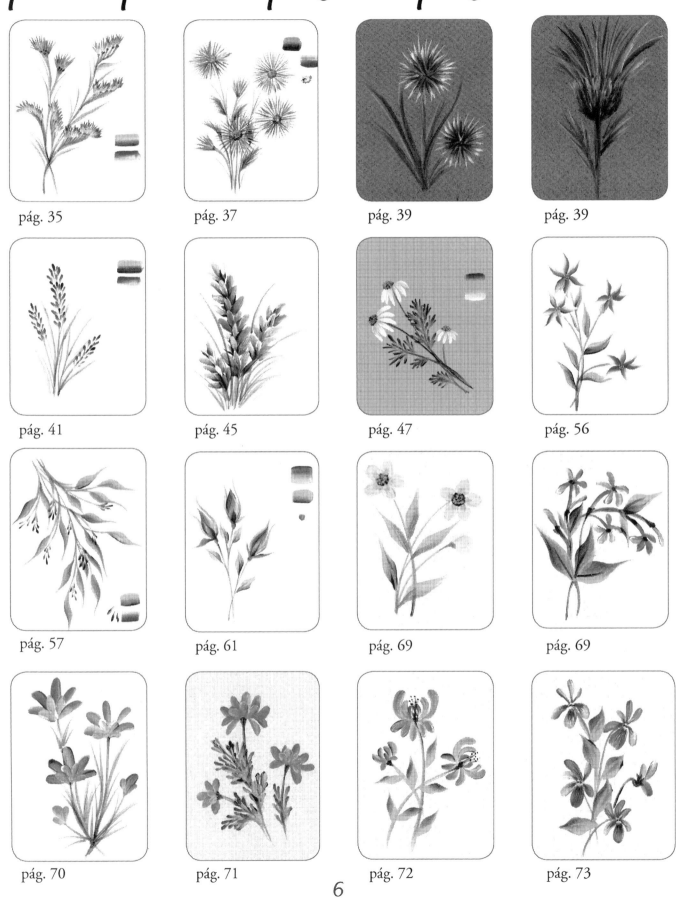

pág. 35

pág. 37

pág. 39

pág. 39

pág. 41

pág. 45

pág. 47

pág. 56

pág. 57

pág. 61

pág. 69

pág. 69

pág. 70

pág. 71

pág. 72

pág. 73

pág. 74   pág. 75   pág. 76   pág. 79

pág. 80   pág. 80   pág. 81   pág. 81

pág. 81   pág. 82   pág. 83   pág. 90

pág. 91   pág. 94   pág. 94   pág. 95

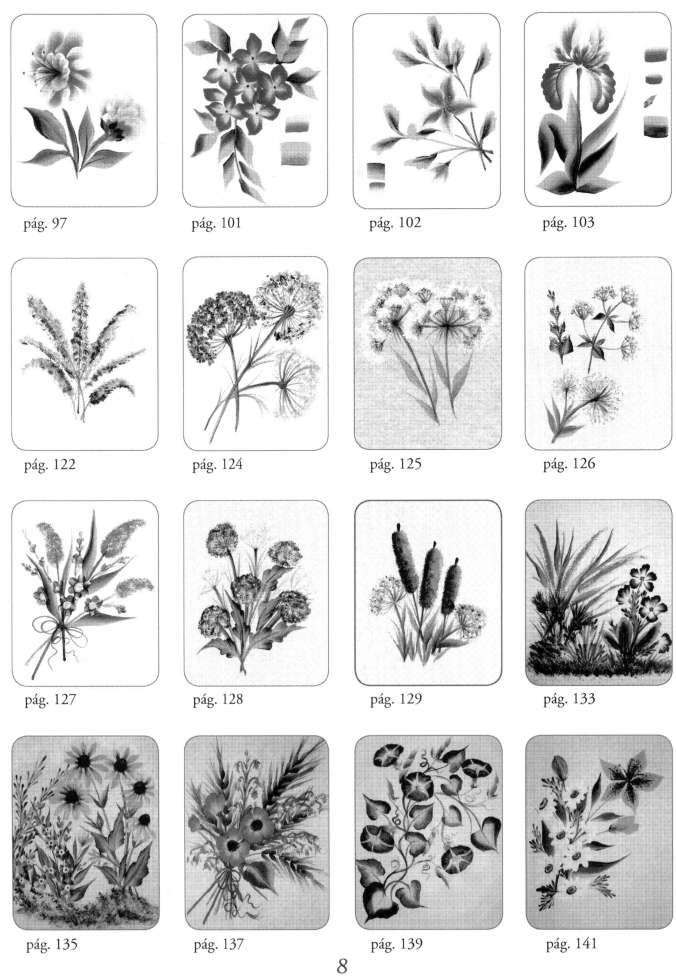

pág. 97

pág. 101

pág. 102

pág. 103

pág. 122

pág. 124

pág. 125

pág. 126

pág. 127

pág. 128

pág. 129

pág. 133

pág. 135

pág. 137

pág. 139

pág. 141

pág. 143

pág. 145

pág. 147

pág. 149

pág. 150

pág. 153

pág. 155

pág. 157

pág. 159

pág. 161

pág. 163

pág. 165

pág. 167

pág. 169

pág. 171

pág. 173

Contenido

Presentación

Esta obra está pensada para los amantes de las flores que en algún momento han soñando con poder pintarlas con sencillez y agilidad, con soltura y sin esfuerzo, y a la vez han deseado poder obtener resultados no sólo satisfactorios, sino incluso espectaculares. Un sueño que para puede parecer casi imposible de alcanzar, pues solemos recurrir a frases como "no tengo talento artístico" o "nunca he dibujado bien". Frases que no hacen sino reforzar la idea de que somos incapaces siquiera de intentarlo. Una actitud que sin duda impide que alcancemos nuestro sueño.

Siempre me ha fascinado la belleza perfecta de las flores y disfruto enormemente cuidándolas en el jardín y en macetas, y admirando las obras de los artistas florales en galerías y museos, pero también siempre me ha intimidado la idea de pintarlas. Hace pocos años tomé la decisión de aprender a pintar flores en mi tiempo libre y disfrutar del proceso de aprendizaje. Así que decidí afrontar el reto como una actividad creativa para relajarme de mi trabajo cotidiano. Mi mundo profesional nada tiene que ver con el arte y la pintura, soy catedrática de Derecho, y divido mi tiempo entre la docencia y la investigación en A Coruña y en Virginia.

La creatividad artística ha dado un impulso a mi vida muy enriquecedor, pues me ha permitido observar la naturaleza con ojos nuevos al contemplar y explorar los efectos de la luz, del contraste, de las sombras, de los tonos, las texturas y las armonías de colores que vemos en la sencilla perfección de las flores. Pintar flores nos permite sentirlas emocional y artísticamente, nos facilita formar parte de ellas y de la naturaleza de un modo muy especial.

Me puse manos a la obra comenzando inicialmente a leer docenas de libros de artistas reconocidos en el arte floral en diversos medios, sobre todo pintura botánica y decorativa. Después fui seleccionando los estilos que más me gustaban y familiarizándome con términos, materiales, y medios como el lápiz, la acuarela, la pintura acrílica, el pastel y los medios mixtos. Poco a poco decidí poner en práctica sus enseñanzas, en las que ofrecían consejos y técnicas diversas. Tras experimentar unas y otras en diferentes medios, decidí compilar las más asequibles, y más tarde exploré las posibilidades de cada técnica, seleccionando el cauce y el medio que resultaban más fáciles de ejecutar, y desde ahí elaboré creaciones y composiciones propias. Practiqué durante el tiempo libre, y me sorprendió la rapidez y facilidad con lo que aprendí a pintar en pocas semanas, tras seleccionar las técnicas más sencillas y de mayor impacto visual. Las técnicas que os presento en este libro se ejecutan con increíble rapidez, lo que nos permite completar una flor en pocos minutos, o hacer un bouquet floral o una guirnalda espectaculares en poco más de una hora.

Efectivamente, me di cuenta que las técnicas que seleccioné, y en algún caso modifiqué, eran muy simples y sencillas, y practicar los ejercicios de aprendizaje resultaba una actividad extraordinariamente relajante. Cada día somos más conscientes de la importancia de saber relajarse. Y relajarse pintando es uno de las mejores maneras que conozco de combatir el estrés diario.

Descubrí que, sin duda, uno de los medios más versátiles y adecuados para principiantes es la pintura acrílica, pues permite infinitas correcciones y es uno de los medios que intimida menos. La pintura acrílica es un medio económico, accesible, versátil, de fácil limpieza, que nos permite improvisar y practicar casi en cualquier parte y en cualquier momento libre. No hay preparaciones previas, ni un espacio amplio para instalarnos, no necesitas un estudio, ni materiales costosos. Lo probé en muchas superficies, papel, madera, plástico, tela, velas de cera, cristal, porcelana y hasta me atreví a pintar las paredes de mi casa y de mi despacho con murales florales que resultaron extraordinariamente vistosos. Puedes ver algunos de estos trabajos en la sección de galería, al final de este libro. Pronto, amigos y familiares fascinados por los resultados de una pintura floral tan atractiva y luminosa, me comenzaron a pedir que les pintase alguna de sus flores favoritas en sus casas. Algunos de mis amigos mostraron un enorme interés por aprender a pintar flores al ver la rapidez y simplicidad que permiten estas técnicas florales, sintiéndose inmediatamente tentados a coger un pincel y experimentar. Mi familia y mis amigos son quienes me animaron a sacar adelante este proyecto en el que explico cómo he aprendido a pintar flores con pintura acrílica. Estoy convencida de que cualquiera puede aprenderlas.

Las técnicas florales que os presento paso a paso, requieren tan sólo de dos presupuestos que facilitan el éxito: la intención y la práctica. Es como aprender caligrafía, no se necesita ser un artista nato, ni tener una gran habilidad natural, es una destreza que se puede desarrollar, al igual que como aprendimos a escribir cuando éramos niños haciendo palotes y repasando las letras. Sólo se requiere la actitud de querer aprender, y la disciplina de practicar con cierta asiduidad. Cualquier momento libre es bueno para ello, pues no hay parafernalia alguna que instalar: papel, un par de tubos de color, agua, un pincel, una hoja de plástico transparente y los ejercicios florales que hay en este libro.

Como veis este libro no ha sido pensado para profesionales ni especialistas en el arte floral, pues yo no lo soy, es una obra para aprender a pintar flores con técnicas muy sencillas que os invito a practicar y a disfrutar. Atrévete a coger un pincel en la mano y sígueme lección a lección, pues es mucho mas fácil de lo que crees.

Parte 1

Familiarizándose con el medio

Este es mi pequeño
rincón para pintar.

"Posiblemente he llegado a ser pintor gracias a las flores"

Claude Monet

Nenúfares de mi jardín de Virginia

Los materiales y el equipo básico

A todo principiante le resulta siempre arduo familiarizarse con los materiales artísticos que ofrecen infinitas posibilidades, pero resultan inicialmente muy confusos. Por ello he optado por simplificar al máximo los mismos a la hora de hacerse con el equipo básico.
Estas son mis sugerencias:

Los pinceles

Dos pinceles sintéticos de lengua de gato o filbert (n. 12 y n. 8).
Para hacer pétalos redondeados según el tamaño del pétalo.

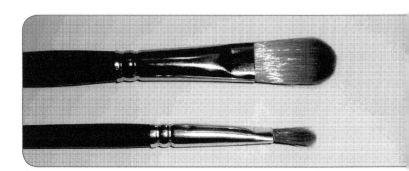

Dos pinceles sintéticos planos (19/20 mm. y de 12 mm.).
Los emplearé en la mayoría de mis demostraciones. Deben ser de buena calidad, pues es indispensable que cuando el canto del pincel está húmedo forme siempre una línea fina y recta, ya que vamos a pintar los trazos lineales con el canto del pincel.

Dos pinceles sintéticos redondos
(uno delineador n. 1, y otro redondo que estando húmedo forme una punta afilada, puede ser de los n. 4/5/6).

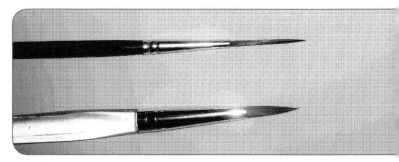

Un pincel de cerdas naturales redondo u oval del n. 12/14/16.
Los usaremos para para flores de estilo impresionista, hierba y ramaje de fondo.

17

Como te explicaba, los pinceles que vas a utilizar más en los ejercicios de este manual son dos: los pinceles planos n. 12 y 20. Ambos son imprescindibles, pues son los primeros que debes tener y con los que debes practicar desde el principio. Una excelente opción son los pinceles planos CRISTINA 486 (los tienen de ambas anchuras 20 mm. y 12 mm) de FM Distripsa. También para el pincel redondo de cerdas naturales, F M Distripsa tiene el pincel Tigre 816 (de 16 mm.) de magníficos resultados para las técnicas de estilo impresionista.

RECOMENDACIONES

❀ Usa pinceles sintéticos para pintura acrílica de la mejor calidad.

❀ Utiliza los tamaños recomendados.

❀ Nunca dejes los pinceles en el agua apoyados en el fondo del recipiente.

❀ Después de cada sesión de pintura lava los pinceles cuidadosamente con jabón de taco, especialmente la zona sujeta por el metal. Después, escúrrelos y déjalos secar siempre sobre una superficie plana o en vertical dando forma a las cerdas con los dedos.

Pinturas acrílicas y paleta de colores

Hay muchos tipos y calidades en pinturas acrílicas. En los precios también hay grandes diferencias. Mi sugerencia es que no es necesario emplear pigmentos de alta calidad, que son los más caros, sino que basta con tener una selección de botes de pintura acrílica de consistencia cremosa como por ejemplo los acrílicos Americana de Deco Art, que se encuentran en las tiendas de manualidades.

Estos acrílicos resultan económicos y dan muy buenos resultados con las técnicas empleadas en este libro.

La selección de colores de Acrílicos America es enorme. Por ello he simplificado la elección de los mismos en dos paletas visuales, una básica y otra complementaria, que permiten pintar todas las demostraciones que se presentan en este libro.

Paleta de colores básica

- ❀ Blanco titanio DA01 (Snow White).
- ❀ Negro ébano DA067 (Lamp Back).
- ❀ Amarillo cadmio DA010 (Cadmium Yellow).
- ❀ Rojo brillante DA145 (Brilliant Red).
- ❀ Burdeos DA022 (Burgundy Wine).
- ❀ Violeta DA101 (Dioxazine Purple).
- ❀ Tostado Siena DA063 (Burnt Sienna).
- ❀ Beis DA090 (Warm Neutral).
- ❀ Verde pino DA113 (Plantation Pine).
- ❀ Verde claro DA134 (Yellow Green).
- ❀ Azul cobalto DA036 (True Blue).
- ❀ Azul ultramarino DA225 (Ultramar).

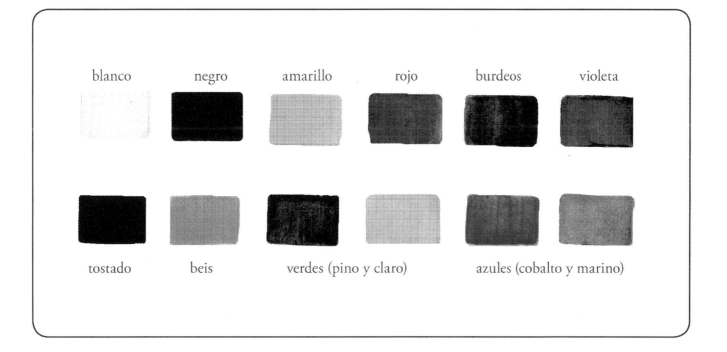

blanco   negro   amarillo   rojo   burdeos   violeta

tostado   beis   verdes (pino y claro)   azules (cobalto y marino)

Paleta de colores complementaria

- ❀ Marfil DA03 (Buttermilk).
- ❀ Rosa pastel DA192 (Pink Chiffon).
- ❀ Rosa antiguo DA162 (Antique Mauve).
- ❀ Magenta DA232 (Vivid Violet).
- ❀ Naranja DA196 (Tangelo Orange).
- ❀ Azul Prusia DA138 (Prussian Blue).
- ❀ Crema DA05 (Taffy Cream).
- ❀ Ocre amarillo DA08 (Yellow Ochre).
- ❀ Siena DA093 (Raw Sienna).
- ❀ Marrón DA065 (Dark Chocolate).
- ❀ Verde hierba DA055 (Kelly Green).
- ❀ Verde oliva DA147 (Antique Green).

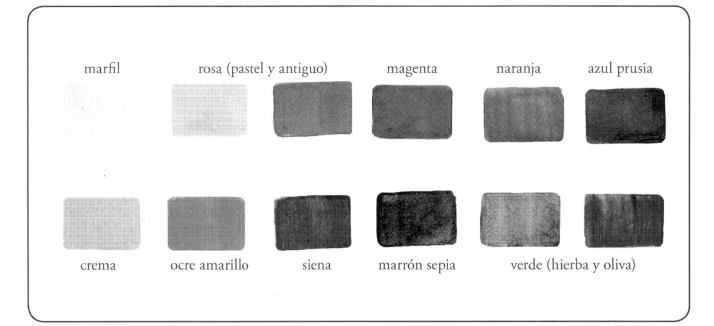

marfil   rosa (pastel y antiguo)   magenta   naranja   azul prusia

crema   ocre amarillo   siena   marrón sepia   verde (hierba y oliva)

Medio en gel

Este medio resulta **imprescindible** con la pintura acrílica, pues el mayor inconveniente del medio acrílico es la enorme rapidez con que se seca. No se emplea agua con estas técnicas pues la pintura se diluye demasiado. En cambio, los geles para la flotación del color son ideales para las veladuras, pues se mantiene la consistencia cremosa de la pintura y a la vez permite realzar y sombrear con gran suavidad fundiéndose incluso con cualquier color del fondo. Yo suelo emplear el medio para facilitar el flotado de colores el Control Medium DAS 11 de Americana (Deco Art).

Otros utensilios necesarios

Además de los materiales ya mencionados, podemos emplear utensilios muy convenientes y que siempre tenemos a mano en casa como:

> Platos desechables, esponjas absorbentes y naturales, un cepillo de dientes, una botellita de *spray* para agua, papel de cocina y una hoja de plástico transparente para practicar las pinceladas sobre los ejercicios.

Para limpiar la hoja plástica transparente sólo tienes que pasarle una esponja húmeda, que conviene que tengas a mano cuando practiques los trazos.

Para lavar los pinceles podemos tener un recipiente de agua cualquiera, o bien uno de los que se venden en tiendas especializadas para facilitar la limpieza de los pinceles en las zonas más difíciles.

Siempre es bueno tener jabón de taco a mano para limpiar los pinceles en profundidad después de cada sesión, y con ello mantendremos nuestros pinceles en las mejores condiciones. No olvides nunca limpiarlos a fondo al acabar cada sesión y secarlos en papel absorbente manteniendo su forma original.

Como paleta os recomiendo simplemente platos desechables de foam plástico que ahorran mucho tiempo en limpieza. También existen paletas que mantienen la humedad necesaria para la pintura acrílica mediante una esponja húmeda bajo un papel encerado que sirve de paleta. Estas son muy útiles en trabajos detallados que requieren de una paleta con muchos colores para mezclar en ella y con procedimientos que necesitan mucho tiempo en su ejecución.

Sin embargo, para los diseños florales rápidos y sencillos que os propongo basta un plato desechable, que de vez en cuando tapamos con otro boca abajo que hemos rociado de *spray* con agua. Además, empleamos colores sin mezclar en la paleta, pues es el pincel el que los mezcla directamente sobre la superficie que pintamos, como veréis en las técnicas que explico en las lecciones.

Superficies

Papel

Esta es la superficie que hemos empleado en este libro. El **papel** que recomiendo es el de la superficie lisa de papel tipo Bristol (*vellum* o *smooth*), en el que el color corre libremente sin ser absorbido en demasía. También se pueden usar cartulinas de colores de textura similar. Es importante que sea papel no ácido para que no amarillee ni se deteriore con el paso del tiempo.

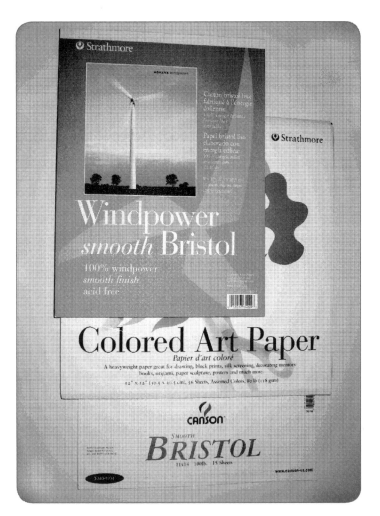

Otras superficies

La **madera** debe estar bien pulida y sellada. También recomiendo sobre la pintura selladora una mano de pintura acrílica del tono que decidamos sirva de base, o bien un barniz al agua en tonos de madera. Terminado el motivo floral y bien seco y curado (es recomendable dejarlo secar y curar una semana) procederemos a dar dos manos de barniz transparente o de envejecedor, dejando secar la primera mano antes de dar la segunda. Suele quedar más bonito el barniz mate o semi-brillo.

Cajita de música en madera para tomar notas.

El **lienzo** permite enmarcar nuestras composiciones florales al estilo de los cuadros al óleo.

Las **paredes** ofrecen infinitas posibilidades, como puedes ver en la galería de fotos al final de este libro.

Pantalla de lámpara a juego con la camilla y con mesita de noche.

Mesita plegable.

Mesa de jardín.

Estas son algunas muestras de las posibilidades en pintura decorativa que ofrece la pintura floral acrílica en las más variadas superficies.

Mesita oval.

23

Tarros de cristal y cafetera.

Pisapapeles de piedra.

Jabonera de
metacrilato.

24

Bolsa de tela de lienzo.

Camiseta de algodón.

Mural de un metro de anchura pintado para el comedor, con flores y frutas de tamaño natural.

25

Técnicas florales básicas

A continuación vamos a aprender en cinco lecciones las diversas técnicas básicas para pintar flores con pintura acrílica. Las explicaciones las he reducido a lo esencial, pues lo más importante es fijarse en las fotos que muestran la posición del pincel sobre la superficie, cómo sujetarlo y cómo estabilizar los trazos. Presta atención a las fotografías en las que puedes ver las posiciones correctas para sujetar el pincel.

Lección 1
Técnicas para cargar el pincel

La base primordial de estas técnicas consiste en saber cargar correctamente el pincel con la pintura. Seguidamente te muestro cómo hacerlo con los diversos tipos de pinceles. Ten presente que los más empleados son los pinceles planos. Los pinceles planos son fundamentales para hacer tallos, hojas, ramas y pétalos. Son el instrumento esencial para estas técnicas. Para que aproveches al máximo el aprendizaje de este método te sugiero que en cada lección leas primero la lección entera, presta atención a las recomendaciones y fíjate bien en las fotos. Luego haz los ejercicios en el orden que los he hecho yo. Así adquieres, paso a paso, confianza en los trazos.

Los pinceles planos los podemos cargar de dos maneras: con dos colores a la vez o con uno solamente, y con gel para la flotación del color.

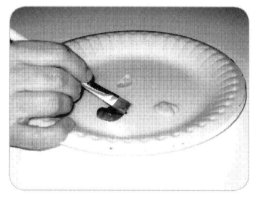
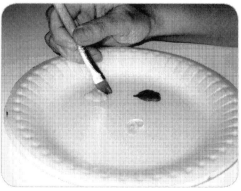
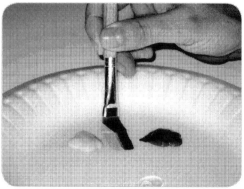

Con dos colores simultáneamente, uno claro y otro oscuro en cada ángulo del pincel, esto nos permitirá disponer de los tonos más claros y más oscuros, para dar profundidad y luminosidad a los trazos. Además, dispondremos de los tonos intermedios que estarán en el centro del pincel.

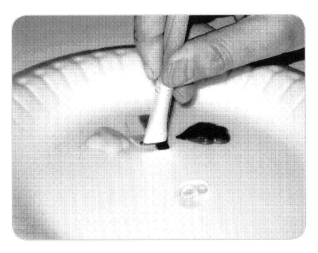 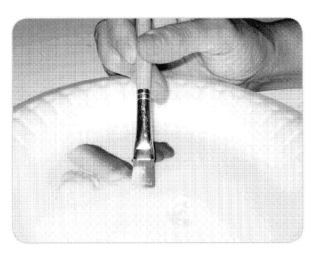

Es muy importante que frotes varias veces las dos caras del pincel y sigas cargándolo en sus dos ángulos hasta que la pintura alcance los 2/3 del mismo, como ves en las fotos. Observa que también hay en el centro de la paleta el gel de flotación en el que mojaremos el pincel de vez en cuando para dar más untuosidad a la pintura a medida que se reseca, así como para permitirnos brochazos largos que corran sobre la superficie con fluidez.

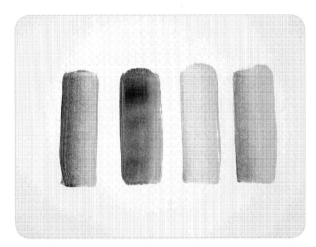

Otra variante consiste en cargar más una punta del pincel que la otra, así consigues que domine más uno de los colores en el brochazo, bien el claro o bien el oscuro.

 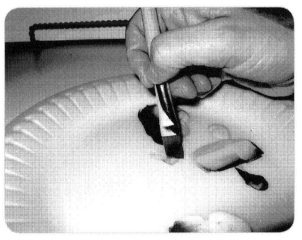

Con un color solo en uno de sus ángulos, mientras el otro lo hundimos en el gel para la flotación de los colores. Lo que nos permitirá sombrear o resaltar una zona deseada.

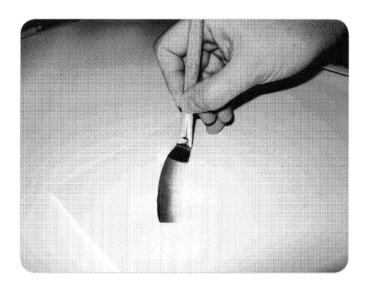

Los pinceles de lengua de gato o filbert se pueden cargar de la misma manera que los pinceles planos.

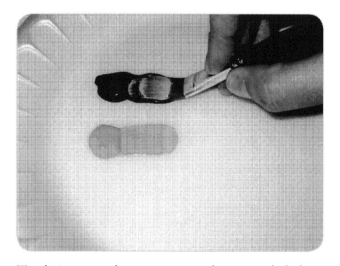

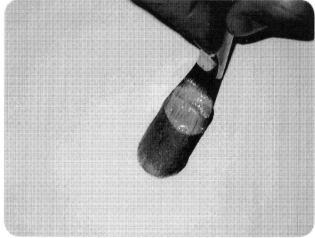

También se pueden cargar un color por cada lado y así se obtiene un brochazo jaspeado. Los usaremos para hacer pétalos.

Ahora es ya el momento de que comiences a practicar cómo cargar el pincel plano y que practiques tus primeros brochazos con el pincel plano y el filbert n. 12.
Prueba a hacer tus primeros trazos como te he dicho y con ambos pinceles sobre una oja de papel blanco.

Los pinceles ovales o redondos de cerdas son extraordinariamente útiles para hacer ramaje de fondo o cobertura, musgo, hierba y flores de cascada como las glicinias. También puedes hacer los centros de muchas flores como las margaritas o las rosas silvestres usando uno pequeño. Se cargan siempre a dos colores, uno claro y otro oscuro, para dar luz y sombra a la vez.

Es importante que recuerdes que:
Estos pinceles no debes humedecerlos primero, sino que se cargan con la pintura directamente.
Para usarlos sólo tienes que golpetear con cierta presión la superficie como te muestro en la foto.

Practica sin girar el pincel para distribuir los tonos claros, intermedios y oscuros.

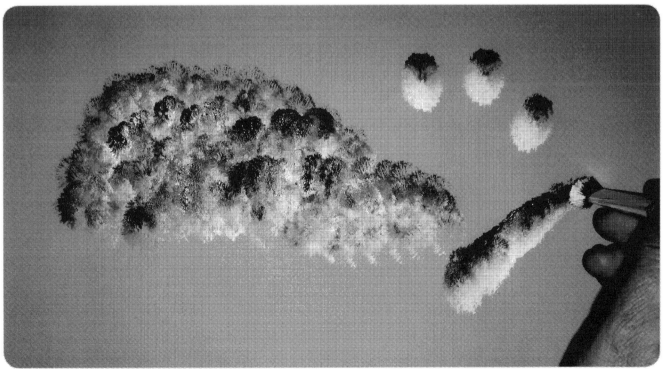

29

Puedes sustituirlos por las esponjas naturales sin humedecer, cargándolas con dos o tres colores a la vez, o bien teniendo tres trocitos de esponja irregulares cada uno de un color, cuyos tonos se mezclarán sobre la superficie creando otros nuevos.

Practica intercambiando los tonos aquí y allá, primero los oscuros para dar profundidad y después los claros para dar luminosidad, superponiendo parte de ellos entre sí.

Los pinceles redondos finos los emplearemos en detalles finales:

* *Cargados con un solo color,* si bien para los centros de las margaritas o similares puedes alternar el uso de un color sobre otro.

* *Cargados con pintura que hemos aguado* con una consistencia de tinta para zarcillos, estambres y otros detalles en que se necesita la pintura más ligera.

* *La base del pincel* si es plana la puedes utilizar para hacer círculos, por ejemplo bayas o centros de flores pequeñas, como tendrás ocasión de aprender.

Lección 2
Técnicas empleando el borde o la punta del pincel

En esta lección aprenderás tres técnicas tan importantes como simples, pues con ellas podrás hacer tallos, hojas y flores. Cuando las domines podrás combinarlas con otras. Dichas técnicas son: 1) trazos lineales con el canto del pincel; 2) pinceladas en forma de gota; y 3) marcas múltiples con el canto del pincel". Las tres técnicas tienen múltiples aplicaciones, como podrás practicar en esta lección.

1. Trazos lineales con el canto del pincel

Hoja de práctica 1

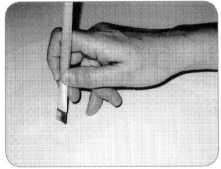

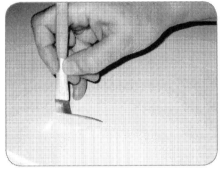

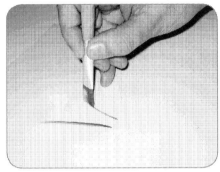

1. Presta atención a las fotos, observa la posición recta del pincel sobre la superficie y apoya el meñique para dar estabilidad.

2. Carga el pincel plano n. 12 como te he indicado con dos colores de la paleta básica, verde pino y amarillo cadmio.

3. La dirección del pincel es hacia arriba.

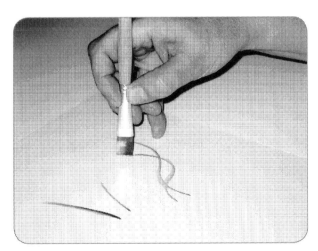

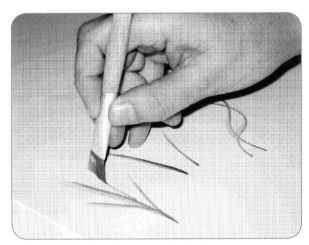

4. Practica haciendo curvas.

5. Practica sobre las hojas de prácticas poniendo encima de ellas una hoja transparente de plástico y siguiendo los trazos.

31

Hoja de práctica 2

Hoja de práctica 3

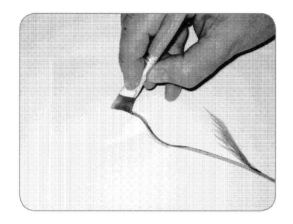

RECOMENDACIONES

❀ Primero carga el pincel plano n. 12 con los dos colores verdes de la paleta básica.

❀ Haz los trazos de los tallos en sentido ascendente con el canto del pincel.

❀ Lava el pincel, sécalo en el papel absorbente y cárgalo con blanco y violeta.

❀ Con el mismo movimiento hacia arriba y trazos cortos haz las flores y carga el pincel cada dos o tres pinceladas con pintura fresca.

❀ Lava el pincel de nuevo y cárgalo con los verdes para rematar la unión entre la flor y el tallo.

Hoja de práctica 4

En la hoja de práctica n. 4 observa que el trazo de las flores es radial, en un caso circular y en otro en un ángulo de 45 grados o menos. Así pues, habrá de hacer pivotar el pincel en brochazos desde el centro de la flor si es circular y desde el vértice si es en ángulo.

Para facilitar las pinceladas marca en la flor circular los cuatro radios básicos, en la dirección de los cuatro puntos cardinales. Y en la de forma de ángulo marca los brochazos de ambos bordes. Después rellena con pinceladas cada cuarto desde el centro hacia fuera.

En esta Aster silvestre tienes que utilizar dos pinceles: el plano n. 12 para tallos, hojas y flores y uno redondo n. 3/4/5 para el centro de las flores, intercambiando punteados en amarillo y marrón.

En las siguientes páginas encontrarás variantes de esta misma práctica, siempre empleando el pincel plano n. 12.

Hoja de práctica 5

En estas variantes de la misma técnica de trazos lineales he empleado el rojo y el blanco básicos y he hecho un fácil diseño
para aprender a hacer
ramas con bayas.

Rojo y blanco

Verdes básicos

38

Hoja de práctica 6

Sigue practicando en este ejercicio las mismas pinceladas lineales y radiales con el canto del pincel. En este ejercicio he añadido un toque de amarillo al pincel cargado con los verdes.

2. Pinceladas en forma de gota

Hasta ahora hemos practicado los trazos lineales con el borde o el canto del pincel. Ahora vamos a practicar las **pinceladas en forma de gota** con el pincel plano n. 12. Esta pincelada la practicaremos a lo largo de las hojas de prácticas 7 a 11 en diversas variantes muy útiles.

Hoja de práctica 7

1. Comenzamos por hacer los tallos y las ramas con la técnica ya aprendida con los colores verde pino y amarillo.

2. Después lavamos y escurrimos bien el pincel y lo cargamos con violeta y blanco.

3. Hacemos las flores de espliego arrastrando el pincel hacia nosotros. Para ello tocamos la superficie con la punta del canto del pincel y lo arrastramos suavemente hacia abajo formando la gota.

Fíjate detenidamente en las fotos. Practica en el plástico transparente sobre el ejercicio n. 7.

Esta misma técnica de arrastrado formado gotas o pétalos alargados podemos utilizarla en ramas diversas como las que te muestro en este ejercicio complementario a la hoja de práctica anterior.

Y también sirven para hacer margaritáceas de muchos tipos que practicaremos más adelante como verás en la hoja de práctica 11.

RECOMENDACIONES

❀ Practica esta técnica alargando más o menos el recorrido de la pincelada y presionando más o menos sobre el papel, pero realizándolo siempre con el canto del pincel.

❀ Cambia la punta del pincel con el que comienzas y así verás el efecto de apoyar la punta con el color oscuro primero, como en las ramas superiores, o con el claro, como en la rama inferior.

❀ Experimenta estas pinceladas con distintos colores y sobre papeles con tonos diversos.

❀ Recarga frecuentemente el pincel con pintura fresca.

Hoja de práctica 8

Una vez que ya tengas cierta soltura al hacer pinceladas en forma de gota con el pincel plano n. 12 vamos a hacer hojas y pétalos más gruesos. Para ello simplemente presionamos un poco y alargamos la pincelada en forma de gota, empleando siempre el canto del pincel.

Primero pintamos el tallo con el canto del pincel curvando la pincelada y después le vamos incorporando cada hoja, comenzando por la pequeña de arriba.

Recuerda que puedes presionar el pincel sobre el papel y alargar la pincelada o acortarla y así los tamaños de las hojas serán diversos. Diviértete experimentando.

Hoja de práctica 10

De nuevo, como ya hemos hecho en la hoja de práctica 7, vamos a combinar ambas pinceladas (con el canto del pincel y en forma de gota) en este ejercicio. Pero esta vez presionaremos un poquito más al hacer la gota, dejando una pincelada más ancha.

Primero haz los tallos con el canto del pincel n. 12 usando los verdes básicos. Después de lavarlo, secarlo y cargarlo con burdeos y blanco comienzas desde arriba a hacer pinceladas en forma de gota. Finalmente, de nuevo cargas el mismo pincel con los verdes para hacer más tallos y hierba con la técnica del trazo hecho con el canto del pincel.

RECOMENDACIONES

Tras pintar un pétalo, carga de nuevo pintura fresca en cada esquina del pincel y pinta otro y así sucesivamente, siempre cargando pintura fresca. Obtendrás todos los tonos rosados que ves en el ejercicio, pues es el pincel el que mezcla solo.

Hoja de práctica 11

Como último ejercicio combinado con estas dos pinceladas básicas que has aprendido pintaremos una sencilla margarita. Sigue paso a paso las indicaciones de las fotos y como siempre, practica sobre una hoja de plástico transparente primero, después, cuando hayas adquirido cierta confianza, prueba en diversos papeles con colores distintos.

Emplearemos, como hasta ahora, el pincel plano n. 12. Las hojas las haremos con verde pino y amarillo. Y los pétalos con amarillo y blanco.

3. Marcas múltiples con el canto del pincel

Por último, en esta primera lección, aprenderemos la técnica de dejar impresiones, muy útil para hacer ramajes ligeros empleando como siempre el canto y la punta del pincel.

Hoja de práctica 12

Como en los ejercicios anteriores emplea el **pincel plano n. 12** y los colores básicos verde pino y amarillo cadmio. Primero hacemos los tallos como en ejercicio n. 1 y luego, para conseguir el efecto deseado, tocaremos la superficie con mucha suavidad para dejar un trazo tenue, levantamos el pincel y hacemos otro procurando dar movimiento a la composición.

Lección 3
Técnicas de arrastrado plano del pincel

Una vez que sepas con soltura cómo cargar los pinceles planos y cómo pintar con el canto o borde del pincel desde uno de sus ángulos, podemos comenzar a practicar las técnicas de arrastrado de los pinceles planos y filbert (lengua de gato).

La clave de estas técnicas es la mayor o menor presión que ejerces sobre las cerdas del pincel al apoyarlo y deslizarlo sobre la superficie del papel. Primero probaremos con los pinceles planos y luego con los de lengua de gato y el redondo.

Fíjate una vez más en las fotos que muestran cómo colocar, presionar, arrastrar y levantar el pincel. Luego practica, como siempre, en una hoja plástica sobre las hojas de prácticas.

1. Empleando pinceles planos

Hoja de práctica 13

1. Tras hacer los tallos con el canto del pincel, lo colocas perpendicular sobre el final de uno de ellos hasta tocar el papel.

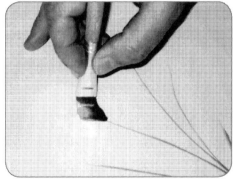

2. Después presionas y doblas ligeramente el canto del pincel sobre el papel hasta que las cerdas se apoyen casi planas en el papel.

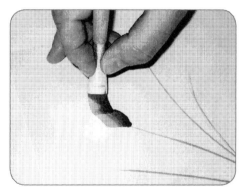

3. Entonces deslizas suavemente el pincel hacia arriba formando la hoja.

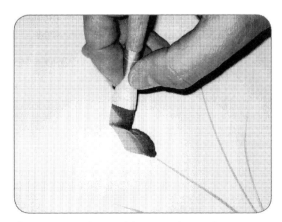

4. Levantas el pincel hasta volver a la posición vertical inicial.

5. Finalmente añades la vena central.

Ahora vamos a practicar esta técnica con el mismo pincel y colores, pero con pequeñas modificaciones en su ejecución para obtener formas de hojas diferentes, aunque todas ellas hechas con una sola pincelada ejecutada del mismo modo.

Hoja de práctica 14

Primero probaremos a alargar las pinceladas. Para ello después de que las cerdas del pincel se apoyen casi planas sobre la superficie levantas un poco el pincel y lo deslizas más tiempo sobre el papel hasta retornar a su posición vertical original, un proceso que debes hacer despacio, controlando en todo momento la posición del pincel al deslizarse.

Hoja de práctica 15

Este ejercicio se basa en el mismo procedimiento, simplemente alargas aún más el retorno de las cerdas del pincel a su posición vertical. Al principio puede parecerte algo difícil pero recuerda cuando teníamos cuatro o cinco años y nos resultaba casi imposible hacer las letras del alfabeto. Piensa que debes adiestrar la mano para ello, como cuando eras pequeño y aprendías caligrafía.

Hoja de práctica 16

Vamos a probar ahora a hacer las hojas igual que en la hoja de práctica n. 17, pero dejando que el pincel cuando está apoyado casi plano sobre el papel tiemble un poquito en nuestra mano y así conseguiremos unas hojas que son ligeramente onduladas como las de este ejercicio.

RECOMENDACIONES

- ✿ Recuerda tener a mano en el centro de la paleta un poco de gel para la flotación del color, pues al ser las hojas más grandes necesitas que el pincel se deslice ligero sobre el papel.

- ✿ Recuerda también cargar bien el pincel, pues si tiene poca pintura no podrás hacer la pincelada completa.

- ✿ Si ves que has puesto demasiado gel o demasiada pintura, seca el pincel ligeramente con papel absorbente.

- ✿ Si los colores están demasiado mezclados, sécalos con papel absorbente y cárgalos con pintura fresca.

- ✿ Si ves que la pintura se seca, rocía ligeramente con agua en *spray*. Debe ser muy poco o aguarás la pintura.

- ✿ Y, finalmente, recuerda practicar en tu tiempo libre y disfrutar aprendiendo.

Para ejecutar los ejercicios de las prácticas 17 y 18 observa estas dos fotos y sigue las instrucciones.

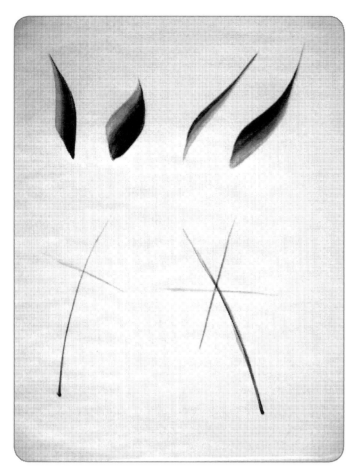

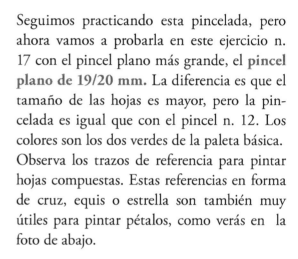

Seguimos practicando esta pincelada, pero ahora vamos a probarla en este ejercicio n. 17 con el pincel plano más grande, el **pincel plano de 19/20 mm.** La diferencia es que el tamaño de las hojas es mayor, pero la pincelada es igual que con el pincel n. 12. Los colores son los dos verdes de la paleta básica. Observa los trazos de referencia para pintar hojas compuestas. Estas referencias en forma de cruz, equis o estrella son también muy útiles para pintar pétalos, como verás en la foto de abajo.

En el ejercicio de práctica n. 18 podrás aplicar la pincelada aprendida, tanto a las hojas como a los pétalos de las flores.

Una vez tengas hechos los tallos y las hojas con el **pincel plano n. 12,** lávalo escúrrelo y cárgalo con blanco y violeta. Marca las referencias para cada pétalo y después haces cada pétalo, comenzando sobre cada línea de referencia. Inicia la pincelada desde el centro de la flor hacia fuera. Puedes girar el papel si te resulta más fácil.

Pincel plano n. 12

Pincel redondo

Hoja de práctica 19

Combina esta pincelada arrastrando el pincel plano para las hojas, con la de forma de gota, para hacer las florcillas.

Seguidamente vamos a ampliar los colores con todas las combinaciones de nuestra paleta básica para hacer hojas de distintas tonalidades.

Esta es la disposición más adecuada para ubicar los colores en la paleta. En el centro pon un poco de gel de flotación.

Recuerda la regla de cargar siempre el pincel plano con un color claro y otro oscuro, como ves en la foto. Practica lo más posible con todas las combinaciones y tras hacer el ejercicio n. 19 para practicar hojas compuestas usando el **pincel plano n. 12.** Puedes practicar con el **n. 19/20** y verás que las hojas son de mayor tamaño. Tendrás así la posibilidad de hacer hojas de diversas formas y tamaños siempre con la misma pincelada.

Hoja de práctica 21

Practiquemos seguidamente combinando dos de las técnicas aprendidas, empleando el canto del pincel y el arrastrado plano, pintando paso a paso un capullo de rosa empleando los tres pinceles que te muestro en la hoja de práctica n. 20.

RECOMENDACIONES

❀ Primeramente haz estas tres pinceladas con el pincel plano n. 19/20 cargado con los colores burdeos y blanco (verás que el blanco adquiere un tono rosado al cargar el pincel).

❀ Después cargas el pincel plano n. 12 con los verdes de la paleta básica y haces los tallos con el canto del pincel. Finalmente, añades las hojas verdes.

❀ Seguidamente con el mismo pincel n. 12 y los colores verdes resigues la forma del capullo abriendo la pincelada y alargándola para formas los sépalos y pintas otra más corta sobre el mismo capullo.

❀ Finalmente, con el pincel fino redondo con color verde en la punta haz la base redondeada del capullo en forma de U. Puedes combinar los dos verdes para darle más contraste.

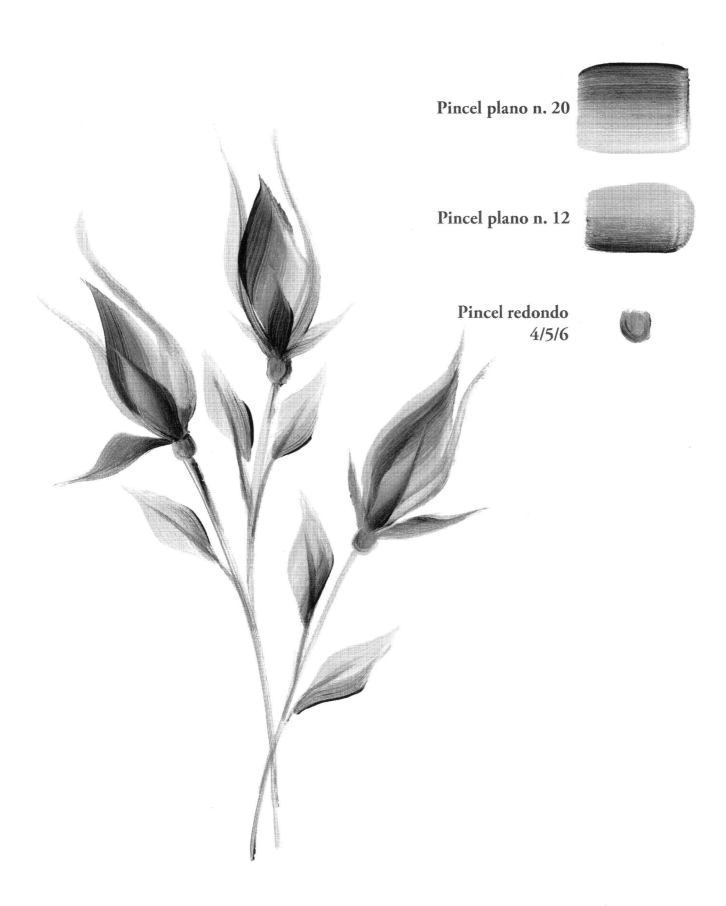

Pincel plano n. 20

Pincel plano n. 12

Pincel redondo
4/5/6

Pasemos a aprender como hacer las largas y elegantes hojas de los bulbos primaverales, como las de los tulipanes, los jacintos o los iris. La forma de hacerlo es empleando también esta técnica de arrastrado del pincel plano, alargando al máximo la pincelada y aprendiendo a curvarla.

RECOMENDACIONES

❀ Necesitas el pincel plano grande (19/20) saturado de ambos colores que emplees para las hojas, pues al ser una pincelada muy larga puedes quedarte sin pintura en el pincel antes de terminarla.

❀ Para que tengas más fluidez sobre el papel o la superficie a pintar, asegúrate que tienes en la paleta el gel para la flotación de los colores.

❀ Recuerda, como siempre, cargar el pincel con pintura fresca en cada pincelada.

❀ Fíjate bien en las fotos que muestran la ejecución de la pincelada.

❀ Para ejecutar con más facilidad esta pincelada al deslizar el pincel sobre el papel, puedes probar practicando en hojas blancas de papel de charol brillante, como las que usan los niños para manualidades, papel encerado translúcido (papel cebolla) como el que se usa en la cocina o de calcar.

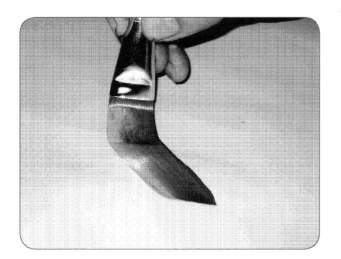 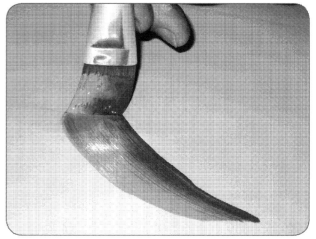

Hoja de práctica 22

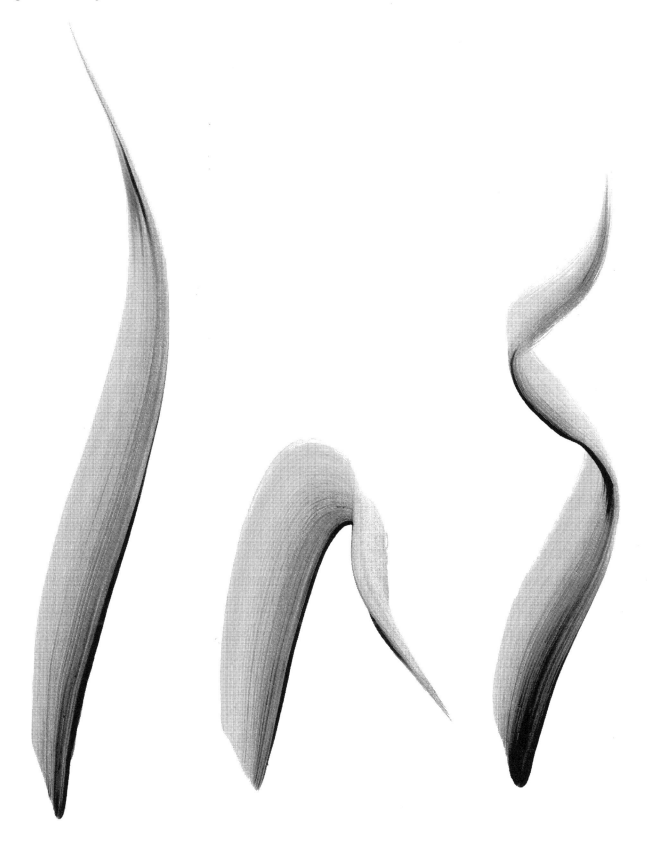

63

2. Empleando pinceles filbert y redondos

La última técnica que aprenderemos en esta lección tercera es la de hacer pétalos con los pinceles de lengua de gato o filbert y pinceles redondos arrastrando la pincelada sobre la superficie del papel.

Para ello presta mucha atención a las fotos y a la técnica que describo a continuación.

En la primera foto verás 12 pétalos hechos con el mismo pincel, el filbert o de lengua de gato n. 8. La diferencia que aprecias en la textura y los tonos se debe al modo diverso de cargar el pincel, que te permite hacer pétalos muy realistas de modo sencillo y con una sola pincelada.

Presta toda tu atención a estas explicaciones pues te serán muy útiles para manejar el color y los tonos haciendo pétalos:

* **Para los pétalos 1 y 2,** comenzando de izquierda a derecha, he cargado el pincel como los pinceles planos, es decir, una esquina con color blanco y la otra con el violeta. La única diferencia es que los pinceles de lengua de gato los cargas arrastrando la pintura suavemente primero en el reverso y después en el anverso del pincel. Coges el color y lo arrastras con el pincel hacia ti, sin presionar adelante y atrás como con los pinceles planos.

* **Para los pétalos 3 y 4** he cargado la pintura de modo diverso. El anverso del pincel lo he cargado con blanco solo y el reverso con violeta solo. El pétalo 3 lo he hecho usando la cara con el color violeta y el pétalo 4 he empleado la cara del pincel con el color blanco. Como ves el resultado es un jaspeado de ambos tonos que dan una textura muy natural al pétalo.

* **Para los pétalos 5 y 6** he cargado ambas caras del pincel con violeta y sólo he mojado muy ligeramente la punta del pincel en el color blanco. El resultado es que el pétalo tiene más luz en el centro y los tonos de violeta intenso se distribuyen en ambos bordes.

* **En los pétalos 7 y 8** he cargado el pincel con violeta, lo he secado un poco sobre papel absorbente y he mojado la punta del pincel en gel para la flotación del color. El resultado es un pétalo con la textura como si lo hubiese hecho con acuarela, transparente y ligero, pero sin perder el precioso jaspeado violeta.

* **Los pétalos 9 y 10** los realicé cargando el pincel como los pétalos 3 y 4, un color en cada cara del pincel y después he mojado la punta nuevamente en el blanco, y por eso el tono blanco es más intenso.

* **En los pétalos 11 y 12** he hecho lo contrario que en los pétalos 5 y 6. Es decir, he cargado ambas caras con blanco y he mojado la punta del pincel con violeta. En el pétalo 11 se aprecia más cantidad de violeta que en el pétalo 12, pues he hecho ambas pincelas sin recargar el pincel entre una y otra.

Prueba ahora tú y disfruta de la tremenda versatilidad que te ofrecen estas pinceladas. Explora colores, tonos y combinaciones en el pincel filbert. Es el pincel favorito de la mayoría de los artistas de arte floral, ya que como ves permite un sinfín de tonos que ofrecen enormes posibilidades. Seguidamente ejercitaremos las pinceladas fundamentales que puedes realizar con los pinceles de lengua de gato.

Hoja de práctica 23

Seguidamente vamos a practicar algunas de las pincelas más habituales entre los artistas florales empleando el **pincel de lengua de gato n. 8.** Carga el pincel con violeta en una cara y en la otra con blanco para obtener jaspeados en tonos lavanda.

RECOMENDACIONES

❀ Observa que el pincel filbert no está perpendicular al papel sino en un ángulo de 45 grados o algo menos.

❀ Debes fijarte sobre todo en ejercer más o menos presión sobre el pincel al deslizarlo sobre el papel.

❀ Para que se deslice uniformemente debes cargarlo con mucha pintura en ambas caras y mojarlo de vez en cuando en el gel de flotación del color.

❀ Pinta una pincelada con el anverso del pincel y la siguiente con el reverso.

❀ Recarga cada una o dos pinceladas con pintura fresca y si ves que ha perdido los colores puros, seca el pincel en papel absorbente y cárgalo de nuevo.

❀ Lava con frecuencia el pincel, pues tiende a ensuciarse mucho, principalmente la unión de las cerdas al metal, la férrula.

❀ Estas pinceladas son muy útiles para muchos tipos de pétalos, no obstante controlarlas bien requiere algo de práctica y realizarlas con lentitud.

Para obtener la pincelada curvada sigue estas instrucciones. Aquí tienes la secuencia de izquierda a derecha de una pincelada curvada. La curva la consigues hacer reduciendo la presión del pincel sobre el papel al levantarlo poniéndolo ligeramente de canto.

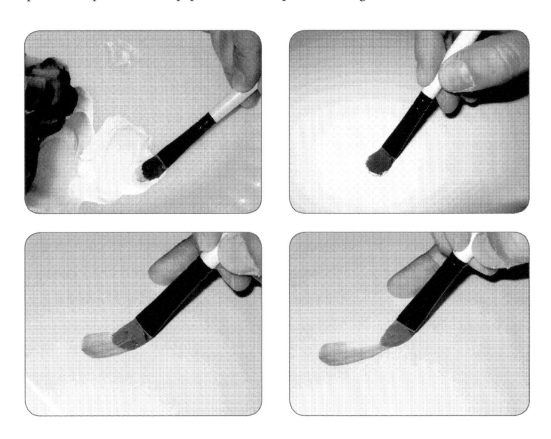

En las fotos de la derecha puedes ver cómo se realiza una pincelada ancha del último ejercicio que consigues apoyando completamente el pincel sobre el papel y presionando, después lo arrastras hacia arriba un poco para abrir al máximo las cerdas del pincel y luego lo bajas despacio recogiendo las cerdas al levantar progresivamente el pincel y dejarlo de canto.

Hoja de práctica 25

Seguidamente vas a ver varios ejemplos de cómo puedes hacer varios tipos de flores y hojas con el **pincel filbert n. 8,** cargado con rojo básico en una cara y amarillo cadmio en la otra. Para hacer cada pétalo debes además mojar la punta del pincel en el gel de flotación del color. Las hojas las he hecho con verde pino y amarillo cadmio. En la primera de la izquierda cargué el **filbert n. 12** con amarillo y mojé la punta en verde, y en la segunda al contrario. En las tres siguientes mojé la punta en el gel. En la segunda y tercera fila, hice variaciones diversas para ver los distintos efectos de formas y colores. En la última fila apoyé el metal del pincel, lo abrí y lo arrastré con suavidad hacia abajo, recogiéndolo poco a poco al levantarlo.

Hoja de práctica 26

En los ejercicios que verás a continuación he pintado distintas florcillas campestres que puedes practicar a medida que dominas mejor las pinceladas aprendidas. Tallos y hojas están hechos con el **pincel plano n. 12** y los pétalos de las flores con el **filbert n. 8.** El centro de algunas de las flores se pinta punteando en marrón, amarillo y verde claro con el pincel redondo.

En las flores de la izquierda he cargado el filbert con blanco en una cara y amarillo en la otra. Y en las de la derecha con rojo y blanco, mojando además la punta del pincel en el blanco.

Hoja de práctica 27

Como ves aquí, primero he hecho las pinceladas de los pétalos con el **filbert n. 8** y luego con el **pincel plano n. 12,** cargado con los verdes básicos, he hecho unos tallos herbáceos sencillos.

Para los pétalos he usado el color violeta en una cara del pincel y el blanco en la otra. Si te fijas, para dar mayor profundidad, he pintado con la cara violeta los pétalos de atrás y con la cara blanca los de delante, que al mezclarse con el violeta se han vuelto de color lavanda. Finalmente he curvado algunas pinceladas.

Hoja de práctica 28

Los colores de los pétalos son rojo y amarillo cadmio. He cargado el pincel de manera distinta a la anterior, pues he puesto el rojo en ambas caras y para cada pétalo he mojado la punta del pincel en el amarillo primero y en el gel después.

Hoja de práctica 29

En este ejercicio los colores de los pétalos son el violeta y el blanco y he cargado el pincel de vez en cuando con los dos colores, como se cargan los pinceles planos, uno en cada ángulo, así consigo sombrear un borde del pétalo.

Hoja de práctica 30

En estas violetas silvestres he combinado pinceladas más anchas y más estrechas, siempre con el mismo **pincel filbert n. 8** cargado de violeta y mojando para cada pétalo el pincel en el blanco. Luego, con el **pincel redondo,** he pintado en el centro de cada flor un punto blanco y varias líneas violetas radiales. Al final, un puntito con el mismo pincel redondo y con color amarillo da el toque final a cada flor.

Hoja de práctica 31

Vamos a hacer ahora un trébol en flor, que nos permitirá practicar con el **filbert n. 8** dos pinceladas distintas. Las flores están hechas con minúsculas pinceladas hechas con el canto empujando hacia arriba del filbert cargado de blanco en ambas caras y mojada la punta en burdeos. Las hojas están compuestas de dos pinceladas con el filbert cargado en un lado de verde oscuro y en el otro de verde claro (los verdes básicos de la paleta). Fíjate que las pinceladas las he hecho con el tono oscuro hacia fuera y juntas una a otra, lo que le da la forma de corazón a la hoja. Como toque final con el canto del filbert cargado con el verde claro he hecho unas pequeñas pinceladas sobre las hojas. En el ejercicio siguiente vas a intentar hacer una flor tipo hortensia en violeta y blanco superponiendo los pétalos con el filbert. Fíjate en los detalles de la foto para aprender cómo hacerla. Parece difícil, pero sólo requiere un poco de práctica.

Hoja de práctica 33

Como último ejercicio con el **pincel filbert n. 8** pintaremos una flor en racimo, tipo lavanda o delfinia.

Primero pintas pétalos sueltos en forma de cono con blanco en una cara del pincel y violeta en la otra. Luego vas formando el racimo con pétalos más juntos. Advierte que al final son pétalos individuales y he mojado la punta del pincel en verde claro. Después he hecho las ramas y las hojas con el canto del **pincel plano n. 12.** Como toques finales con el pincel redondo primero pones un punto violeta en el centro de algunas flores, no en todas, pues parecería sobrecargado, y después con un palillo mojas en el blanco y sobrepones un puntito blanco encima.

76

Hoja de práctica 34

A continuación vas a ver algunos ejercicios similares a los que has hecho con el pincel filbert n. 8 en la página 66, pero esta vez lo vas a probar con el **pincel filbert n. 12.** Verás que el tamaño de los pétalos es mayor, lo que te permitirá hacer flores mucho más grandes. Puedes practicar estas pinceladas con el filbert n. 12 y luego los ejercicios que ya has practicado en las páginas anteriores con el filbert n. 8 en hojas grandes de papel.

Ahora vamos a explorar las posibilidades del **pincel redondo n. 5/6,** que podrás practicar en los ejercicios 35 a 41 y te permitirán familiarizarte con este pincel y sus posibilidades.

Trabajar con este pincel requiere más destreza, aunque nos permite maravillosas pincelas. Precisamente al ser algo más difícil tanto cargarlo como hacer pinceladas, no te frustres al principio y déjalo si te cansas, pues lleva un poquito de tiempo familiarizarnos con el pincel redondo. Además, ten en cuenta que la mayoría de los ejercicios que se ejecutan con los pinceles redondos y los filbert puedes realizarlos con pinceles planos pequeños de los n. 2/4/6. De todos modos, me parece importante que te familiarices con él, aprendas a cargarlo correctamente y que puedas hacer alguna pincelada.

RECOMENDACIONES

❀ Para cargar el pincel redondo sigue las pautas como para cargar los filbert. Primero lo mojas en agua y lo secas un poco, después aplanas el pelo del pincel aplastándolo con tus dedos para darle una forma plana, y luego lo cargas, bien todo de un color y mojas la punta en otro distinto, o bien una cara en un color claro y otra en uno oscuro.

❀ No te olvides de mojar a menudo en el gel.

❀ Las pinceladas son parecidas al filbert, pero puedes hacerlas más finas si pones el pincel perpendicular al papel y lo deslizas con la punta, como si fuera un pincel plano y empleases su canto.

❀ Juega un poco con él haciendo pinceladas y cambiado los colores, y no te agobies si no te salen muy bien al principio. La idea es divertirte con él y explorar sus posibilidades.

Hoja de práctica 35

Fíjate en esta pincelada, pues como ves es bastante espectacular y suele usarse para hacer claveles. La puedes hacer tanto con los filbert como con los pinceles redondos. La clave para que quede tan vistosa es fácil, sencillamente aplanar el pincel primero, cargarlo casi hasta su base con rojo y luego meterlo hasta la mitad en amarillo. Después, apoyas completamente el pincel en la superficie del papel y lo empujas un poco hacia arriba hasta que los pelos queden en semicírculo, después los arrastras suavemente hacia ti levantando poco a poco el pincel hasta dejarlo tocando el papel sólo con la punta del mismo. Las fotos del proceso las tienes en la página 66.

A continuación puedes practicar alguno de los ejercicios que te muestro con el **pincel redondo n. 5.** En los seis primeros he hecho antes los tallos o troncos y las hojas empleando el **pincel plano n. 12,** y después he colocado los pétalos hechos con el pincel redondo, así como los detalles finales. Obsérvalos para aprender como hacerlos.

Hoja de práctica 36

Hoja de práctica 37

Practica la pincelada pequeña en grupos de flores apretadas, como ves en esta foto.

Practica alargando la pincelada de esta margaritácea equinácea y observa cómo se hace el centro de la misma en tres pasos de arriba abajo, como ves en la foto.

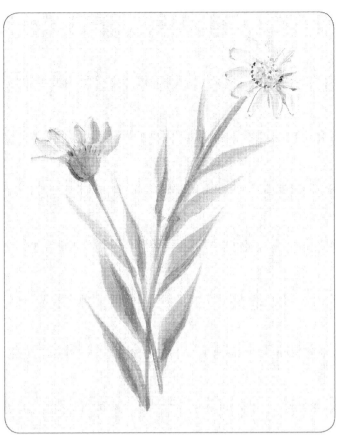

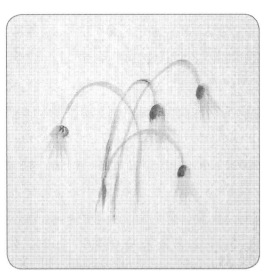

En las campanillas de invierno de la foto superior, he flotado con gel y un poco de verde claro los pétalos blancos.

En la foto de la izquierda, he hecho tres pinceladas en cada campanilla cargando el pincel redondo con blanco, mojando la punta en burdeos. Las he comenzado en la base de cada flor y rematado llevando el pincel hasta dejarlo sobre su puntita.

Hoja de práctica 39

Fíjate en que las hojas de las ramitas están hechas también con el pincel redondo. He usado los verdes de la paleta básica y he curvado un poco la pincelada. Los colores de los pétalos son cobalto y blanco, y unos puntos de amarillo cadmio en el centro.

El trébol de la derecha es una variación de de la misma pincelada de esta lección. En el trébol anterior de la página 74 las pinceladas habían sido hechas con el filbert n. 8 y la dirección de cada una era hacia arriba. Ahora el pincel que he usado es el redondo n. 5 y las pinceladas las he hecho al contrario, hacia abajo. No he usado apenas blanco con el violeta para que veas mejor cada pincelada.

Hoja de práctica 40

En este ejercicio con el pincel redondo te presento un vistoso cardo marino en el que he empleado dos colores de la paleta básica, el verde claro y el violeta, que he suavizado un poquito con blanco superpuesto sobre los colores anteriores aún húmedos. Esta es una técnica tomada de las propias de la acuarela que en acrílico suele dar buen resultado. El trazo de la pincelada es hacia arriba y hacia fuera. Observa que para el centro del cardo he empleado la punta del pincel con similares pinceladas pero muy cortitas, iguales a las del trébol de la página 74 que hicimos con la punta del pincel filbert.

3. Empleando pinceles redondos y delineador

Pasamos brevemente a practicar un poquito los pequeños detalles como lazos, zarcillos y estambres, muy útiles en los detalles finales. Así pues, practica las hojas de prácticas 41 y 42 siguiendo sus indicaciones.

Hoja de práctica 41

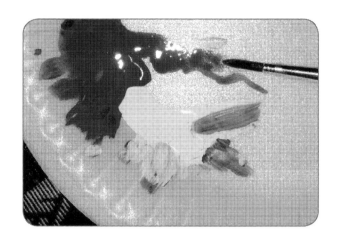

Para ello emplearemos en la hoja de práctica n. 41 el mismo **pincel redondo** que hemos usado hasta ahora, el **n. 5.** Y en la hoja de práctica n. 42 utilizaremos el **pincel delineador (liner)**, que es más fino y tiene los pelos más largos. En ambos casos debemos aguar un poco el color añadiendo agua hasta tener la consistencia de tinta, así podremos hacer de una sola pincelada las tiras y serpentinas que ves en los ejercicios.

Hoja de práctica 42

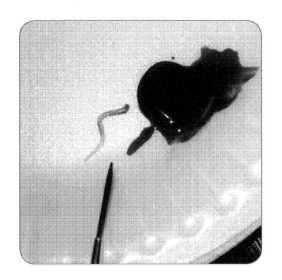

Familiarízate con el pincel delineador usando un poco de color sombra al que hemos incorporado unas gotas de agua en uno de los bordes hasta adquirir la consistencia de tinta. Carga completamente el pincel delineador y prueba su textura en un borde de la paleta.

Después intenta seguir los trazos de este ejercicio de una sola pincelada cada uno de ellos.

Como último ejercicio de esta lección tercera aprenderemos a hacer gotas de agua sobre las hojas y los pétalos, pues dan un estilo realista y fresco a nuestras composiciones. He incluido algunas fotos con composiciones mías sobre madera envejecida y pared para que veas el efecto y seguidamente te explicaré cómo se realizan.

Hoja de práctica 43

Las gotas de agua se realizan en tres pasos muy simples:

1. Comprueba que el pétalo o la hoja donde vas a poner las gotas están bien secos. Pinta con el pincel redondo n. 5 un pequeño óvalo, círculo o forma una gota deslizándose. El color que usarás como base debe ser el tono más claro de los que tengas en el pétalo o en la hoja. En el pétalo del ejercicio es el blanco y en la hoja es el amarillo. Deja que cubra la gota y seque bien.

2. Pinta el borde interior de la gota uno con blanco y otro con el más oscuro, burdeos o verde pino, si no le ves bien el borde más oscuro de la gota, añade un poquito de negro mezclado con el burdeos o con el verde pino para darle un tono aún más oscuro que el fondo sobre el que estás. Después suavizas el trazo hacia el centro de la gota con una puntita de gel en el pincel. Así consigues graduar el tono de más claro a más oscuro y sombreas bajo el borde blanco.

3. Por último, corriges los tonos matizándolos al máximo en el centro y en la sombra bajo la gota y añades el punto de luz mojando un palillo en blanco y colocando el punto blanco en la zona más oscura de la gota.

Lección 4
Técnicas de abanicado del pincel

En esta lección vas a aprender a hacer los pétalos y hojas más vistosas. Para ello has de familiarizarte con el giro del pincel plano haciéndolo pivotar sobre uno de sus cantos o de sus ángulos. En las fotos verás cómo se ejecutan los giros y te muestro paso a paso cómo hacerlos. En todos estos ejercicios he empleado los **pinceles planos: el n. 12 y el 19/20.** Y en todos ellos he usado la paleta básica combinando siempre un color claro y uno oscuro.

Para facilitarte la comprensión de cada ejercicio he agrupado las pinceladas abanicadas en varias categorías, comenzando por las más sencillas, y he mantenido los mismos colores para cada una de ellas para que las identifiques mejor:

1. Pinceladas haciendo ondas (sencillas, dobles, triples, etc). En violeta y blanco.
2. Pinceladas haciendo ondas y picos múltiples. En rojo y amarillo.
3. Pinceladas haciendo bucles. En rojo y blanco.
4. Pinceladas de ida y vuelta. En azul y blanco.

Verás cada pincelada individualmente y la podrás practicar, como siempre, con una hoja de plástico transparente para poderla repasar sobre la hoja de práctica. Hazla después en papel y al principio mejor en papel charol o cebolla. Una vez aprendidos los giros, verás que se ejecutan con una enorme rapidez y sencillez.

Luego, puedes pasar a hacer las composiciones florales que completan cada ejercicio para que vayas cogiendo soltura en su ejecución y puedas ver el resultado final. En la mayoría de ellos he combinado las técnicas previas que ya has practicado, con el canto del pincel y arrastrándolo plano. En algunos casos los últimos toques los he hecho con el pincel fino redondo para los estambres de las flores.

Prueba dos opciones en cada pétalo:

1. Pivota el tono claro primero y después pivota el oscuro, para que veas la diferencia entre un borde u otro de los pétalos.
2. Emplea primero el pincel plano pequeño y después el grande para que veas la diferencia de tamaño que resulta con la misma pincelada y así podrás hacer flores más grandes o más pequeñas.

1. Pinceladas haciendo ondas (sencillas, dobles, triples, etc.)

En las primeras prácticas empezamos por las pinceladas haciendo ondas.

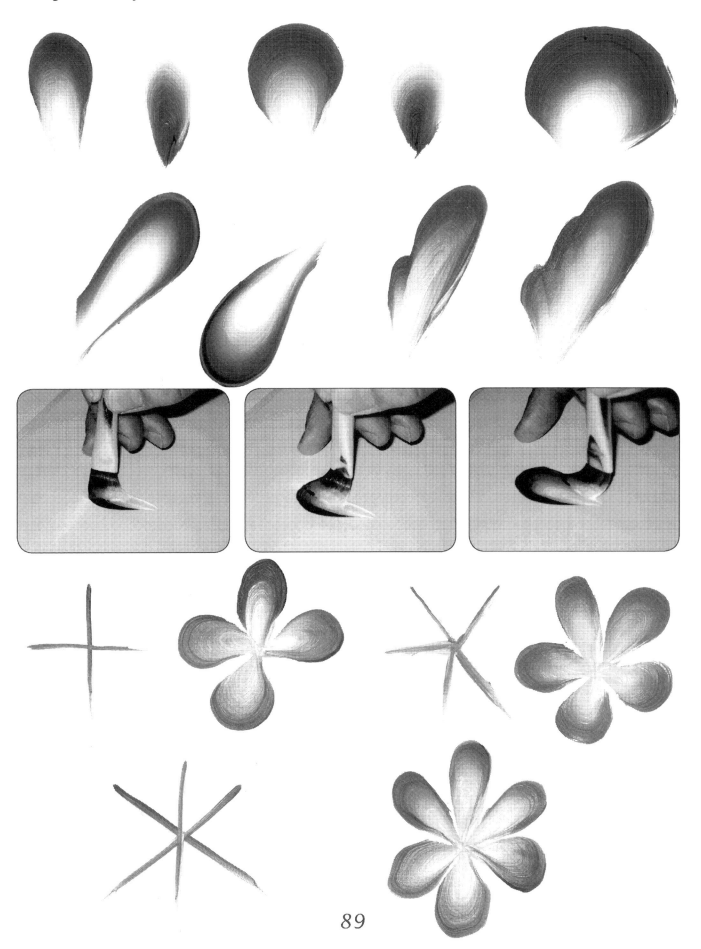

89

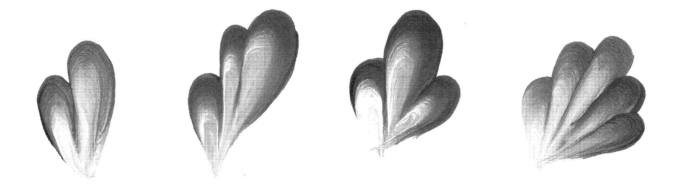

Hoja de práctica 45

Practica ahora con el pincel plano grande haciendo flores de cinco pétalos, y emplea la base circular del pincel para poner un círculo amarillo en el centro, como en la hoja de práctica 38. Después, con el mismo pincel o el n. 12, si quieres las hojas más pequeñas, remates la composición con unas hojas hechas con la técnica en la que arrastras plano el pincel, que ya conoces.

Hoja de práctica 46

En este ejercicio practicarás cómo hacer rosas de pitiminí o rococó.

Con el **pincel n. 12** cargado de burdeos y blanco practica cada pincelada individualmente primero, y luego las ensamblas siguiendo el mismo orden en su ejecución. Comienzas por hacer la cóncava y luego la convexa, tras ellas haces las dos angulares exteriores y después las interiores. Finalmente haces la pincelada central.

Las ramas y las hojas las puedes hacer antes o después de la rosa, como prefieras. Yo las he hecho después. Como ves he combinado los tallos con la pincelada hecha con el canto y las hojas con el pincel arrastrado plano. Los capullos son como el ejercicio n. 21, que ya has hecho antes.

2. Pinceladas haciendo ondas múltiples y picos

Todas estas pinceladas las he hecho con el **pincel plano grande (19/20 mm).** Y he empleado los colores amarillo y rojo de la paleta básica.

Hoja de práctica 47

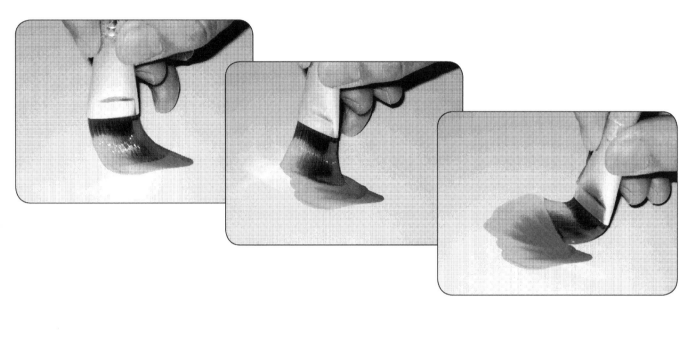

Observa los dos tipos de pinceladas de la página anterior. Las primeras se hacen moviendo el pincel suave y lentamente haciendo ondas. Las segundas se hacen con un movimiento en zigzag con pinceladas zigzagueando muy juntas para obtener un borde de picos, tal y como ves en estas fotos.

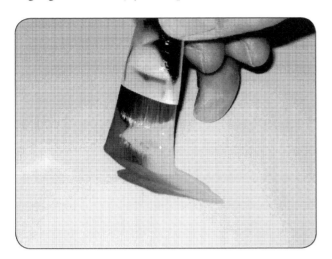 

Hoja de práctica 48

En este ejercicio de la foto inferior vas a probar a hacer varios pétalos en sentido circular haciendo ondas. Presta atención al principio y gira el papel para centrar bien cada pétalo, pues de lo contrario te pueden quedar como un molinillo de viento, desplazadas todas hacia una dirección. Prueba y haz tres, cinco y seis pétalos. Explora las posibilidades de esta pincelada haciendo el movimiento más largo y redondo como el los dos primeros ejemplos, o más cortos y rectos como en el último ejercicio. En la página siguiente verás dos ejemplos de resultados diversos usando la misma pincelada.

Hoja de práctica 49

En estas dos composiciones he empleado el **pincel plano** pequeño, el **n. 12,** para todo.

En la de arriba he hecho primero las hojas con verde pino y amarillo con la técnica de las pinceladas de gota. Después he realizado la flor. Puedes ayudarte haciendo los radios para situar los pétalos.

En la de la derecha he empleado los verdes básicos para las hojas hechas con la técnica del canto del pincel. Los pétalos los pintas con azul marino y blanco. El centro es de puntitos realizados con amarillo y negro con el pincel redondo.

94

Hoja de práctica 50

En este ejercicio practicaremos los pétalos con pinceladas de picos con los dos pinceles planos moteando el centro de la flor con un pincel redondo de cerdas naturales rígidas, o con una esponja natural, a la que le hayamos dado la forma circular, o también punteando en verde y amarillo con el pincel redondo.

3. Pinceladas haciendo bucles

Estas pinceladas son muy útiles no sólo para hacer pétalos de bucle, sino también lazos de todo tipo.

Hoja de práctica 51

Primero observa las fotos paso a paso, y verás cómo giro el pincel haciendo una serpentina. Este ejercicio parece más difícil de lo que es. La base de la pincelada en similar a la que has hecho en la hoja de práctica n. 22 cuando has aprendido a doblar hojas largas. El giro es muy parecido, la diferencia es que continúas haciéndolo como una serpentina.

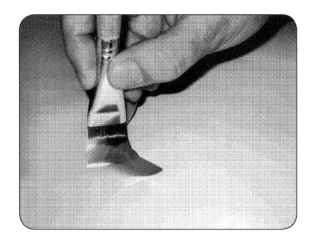 

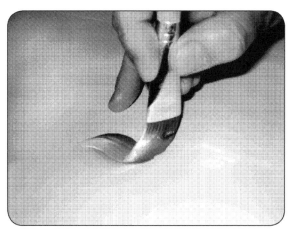 

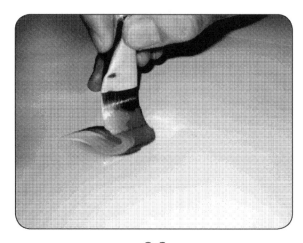

96

4. Pinceladas de ida y vuelta

En estas pinceladas rematan pétalos que se inician en pincelada plana o en pincelada ondulada o de picos y al llegar al borde exterior del pétalo haces el retorno dando forma a la vez al pétalo. Son extraordinariamente efectivas pintando flores grandes con mucho colorido, pues dan una intensidad a la flor casi mágica. También podrás hacer los reversos de los pétalos para darles una personalidad propia a cada uno de ellos, y así obtienes un efecto más realista y espontáneo.

Examina las fotos paso a paso y practica después, como siempre. Para los ejercicios de estas pinceladas he empleado los pinceles planos cargados con azul cobalto y blanco.

Procura tener bien cargado el pincel con pintura fresca y mojar en el gel para darle fluidez y soltura a la pincelada, pues no puedes recargar el pincel ni a la ida ni a la vuelta. Debe ser una pincelada continua de principio a fin. Hazla despacio, sin prisa, controlando el pincel.

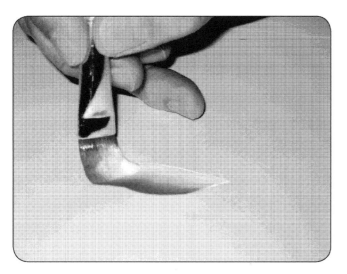
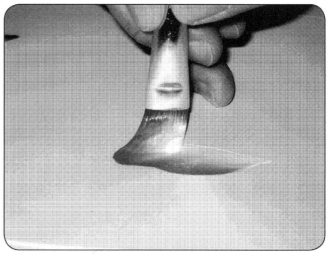

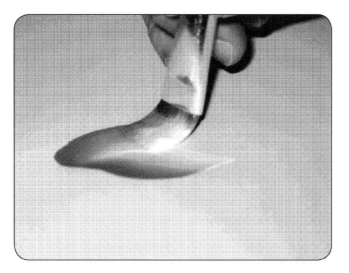
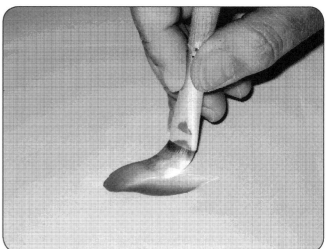

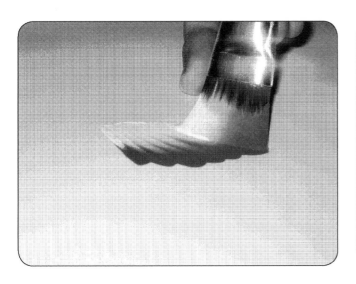

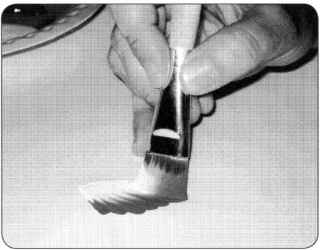

Prueba a hacer todos los ejemplos de las hojas de práctica sobre el plástico transparente colocado encima de las hojas de prácticas como siempre. Ten presente que los pétalos pequeños has de hacerlos con el **pincel plano n. 12** y los más grandes con el **n. 20.** Y luego practica con ambos pinceles planos y disfruta haciendo tus propias creaciones libres para coger soltura.

Estas fotos corresponden paso a paso al giro del pincel para que pueda verse el reverso del pétalo.

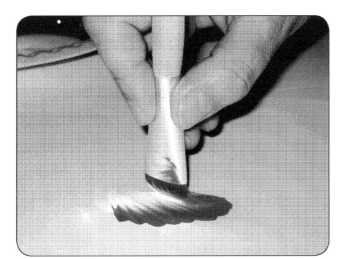

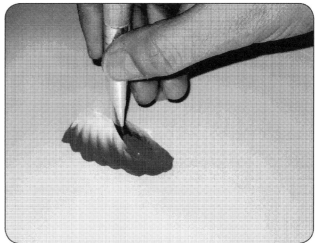

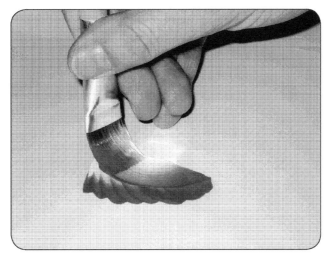

99

Hoja de práctica 52

Las pinceladas de esta práctica (de ida y vuelta sencilla y ondulada) te permiten hacer las flores de las hojas de prácticas 53, 54 y 55.

Hoja de práctica 53

Las flores de este ejercicio son variaciones de hortensias que tienen cuatro pétalos. Les apliqué la técnica de pinceladas de ida y vuelta empleando el **pincel plano n. 12.** Como ves, el blanco de los pétalos de este ejercicio y el siguiente lo he mezclado un poco con verde claro. En el centro de cada flor un punto verde claro y encima más pequeño de verde oscuro, hechos con la punta de un palillo.

Hoja de práctica 54

En este ejercicio utiliza también el **pincel plano n. 12,** aunque puedes experimentar a hacer las hojas con el **pincel plano n. 20** y ver la diferencia de tamaños de unas y otras. Después emplea el **pincel delineador** para los estambres en verde claro aguado y el punto amarillo al final, hecho con la punta de un palillo.

Hoja de práctica 55

Como último ejercicio de práctica de pinceladas de ida y vuelta, aquí tienes este lirio, o iris, que resulta bastante espectacular. En esta práctica combinaremos las hojas alargadas que has aprendido en la hoja de práctica n. 22 y las pinceladas de ida y vuelta onduladas de la hoja de práctica 52. Así pues, revisa esas prácticas y las fotos, ya que en ellas tienes todas las pinceladas que he usado para pintar este iris.

Primero haz los pétalos grandes de arriba con el **pincel plano de 19/20 mm.** en azul cobalto y blanco con el azul hacia adentro. Luego, haces los grandes de abajo con el azul hacia fuera. Después, los pétalos pequeños con el **pincel n. 12** con el color azul hacia adentro. Mientras los dejas secar un poquito, haz el tallo y las hojas con la técnica de arrastrado largo del ejercicio n. 22. Por último, con el **pincel 19/20** añade pinceladas de gota muy pequeñas en rojo y amarillo en el centro, como puedes ver en la foto.

Los ejercicios siguientes vamos a dedicarlos a practicar haciendo hojas, empleando estas mismas técnicas de abanicado del pincel. Las hojas son un elemento esencial en las composiciones florales y unas hojas inadecuadas pueden arruinar y afear cualquier diseño floral.

Las técnicas para hacer hojas son varias. Algunas ya las has explorado en las páginas anteriores haciéndolas con el canto del pincel en forma de gota, o bien con el pincel arrastrado plano, en pincelada corta o larga. Ahora te familiarizarás con las hojas hechas con las técnicas de abanicado del pincel plano, pues te ofrecen posibilidades infinitas y extraordinariamente versátiles para enriquecer tu composición floral. Además, son técnicas que pueden dar un toque de realismo o de fantasía según como las apliques.

Los tipos básicos para pintar hojas que te muestro son dos:

1. Hojas de una pincelada continua haciendo ondas, picos o bucles. Para ello podemos pivotar o abanicar el pincel desde un vértice que es el punto de unión de la hoja y el tallo, o bien abanicamos el pincel siguiendo una línea recta o curva, que representa la vena central de la hoja y giramos poco a poco el pincel a lo largo de la línea hasta llegar al punto opuesto de unión de la hoja con el tallo.

2. Hojas de dos pinceladas que se hacen independientemente, primero una a un lado de la vena central de la hoja y después la otra.

Hoja de práctica 56

Empezaremos con las pinceladas continuas haciendo ondas que ya conoces y has practicado en los pétalos. La paleta de colores es la básica y las combinaciones son las sugeridas en la práctica n. 20.

Los dos primeros ejercicios son de ondas que pintas a partir de la vena central siguiendo la forma de la hoja y hechas con el **pincel plano grande (19/20 mm.)**.

Hoja de práctica 57

En este ejercicio pivotaremos el pincel desde un vértice sobre el que lo giramos como has hecho en las hojas de práctica n. 44 y 45 para hacer pétalos. Advierte que las hojas pequeñas de la rama las he realizado con el **pincel plano n. 12** cargado de amarillo y verde pino, y las demás con el **pincel plano grande** cargado de verde claro y burdeos.

Hoja de práctica 58

Este ejercicio combina las hojas de ondas compuestas y las agrupa en tres y cinco hojas en un mismo tallo, hechos con el **pincel plano grande.**

Hoja de práctica 59

En este ejercicio y el siguiente practica algunas posibilidades de esta pincelada con el **pincel plano n. 12.** Además comienza a ejecutar las pinceladas de picos, haciendo zigzags muy juntos con el pincel formando un ángulo de 45 grados sobre el papel a lo largo de la línea que representa el tallo. Prueba luego con el pincel plano grande.

Hoja de práctica 60

Puedes probar en esta práctica con ambos pinceles planos. Yo he empleado en ella
el **pincel plano n. 19/20.**

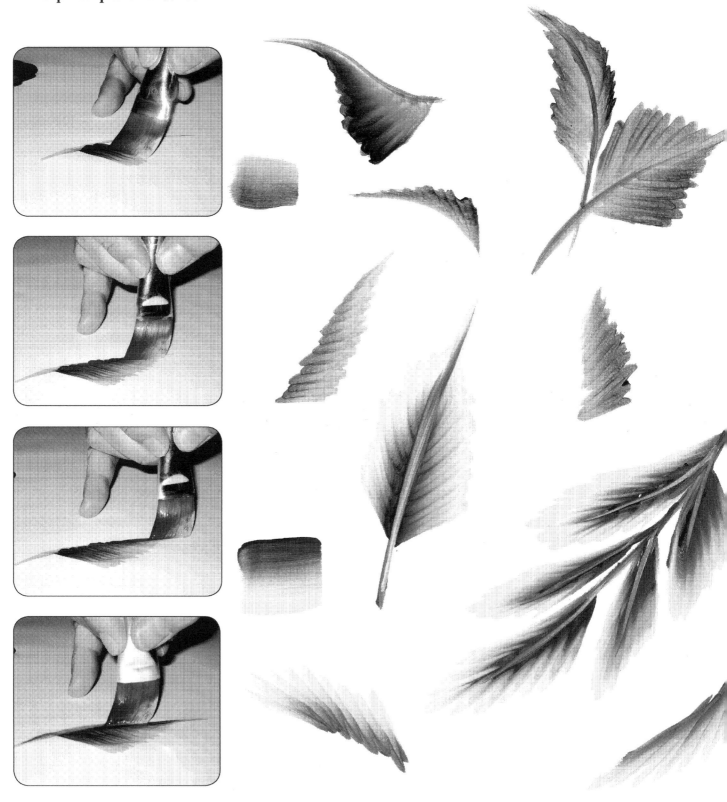

Hoja de práctica 61

Ahora practicaremos las hojas de picos, pero haciendo una pequeña curva hacia dentro entre pico y pico. Este tipo de hoja es el del acebo. El **pincel** sigue siendo el **grande plano.**

Hoja de práctica 62

Seguidamente haremos hojas redondeadas empleando como hasta ahora el pincel plano grande n. 19/20 mm cargado de verde pino y blanco mezclado un poco con el verde para que adquiera un tono claro.

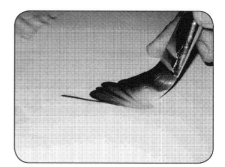

Esta primera hoja está compuesta de siete pinceladas en ondas de ida y vuelta como las de las hojas de práctica 56 y 58.

Las segundas hojas y las de la práctica 63 son pinceladas continuas. Al ser una pincelada tan larga, tendrás que recargar el pincel un par de veces y continuar haciendo ondas mientras giras el papel.

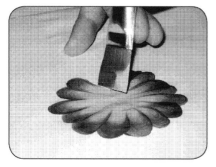

El reverso de estas hojas se hace como la práctica 52.

Hoja de práctica 64

Los ejercicios siguientes están dedicados a hacer las hojas con dos pinceladas a cada lado de la vena central de la hoja. Para ello hemos de pivotar el pincel sobre la línea que representa la vena central de la hoja, como has hecho en el ejercicio n. 60 con pinceladas en zigzag formando picos. Como verás a lo largo de los ejercicios siguientes las posibilidades son innumerables. Hojas de bordes lisos, ondulados, en picos y en bucles. En este ejercicio de hojas de bordes lisos, la primera la he hecho con el **pincel plano n. 12** y todas las siguientes con el **pincel plano grande.**

Seguimos practicando hojas hechas con dos pinceladas, pero vamos a combinarlas con diversas ondulaciones en el trazo que nos permiten lograr hojas acorazonadas, lanceoladas, lobuladas y rizadas.

Aquí puedes ver en cada columna de fotos siguiendo el orden de arriba abajo los pasos para hacer hojas de forma acorazonada o lanceolada, lobulada y rizada.

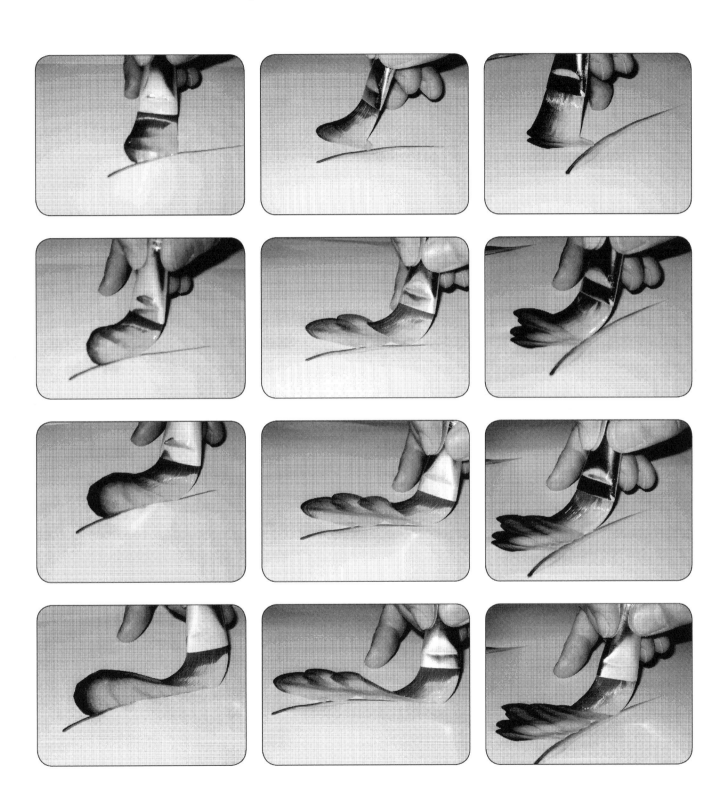

Hoja de práctica 65

Advierte que a veces empleo el color claro o el oscuro uno junto a otro en la línea central de la vena y, en cambio, otras veces permuto el color claro junto al oscuro. El resultado es distinto, pues cuando el claro y el oscuro están juntos, la hoja parece tridimensional y adquiere volumen. Fíjate en las fotos para poder sacarle partido a este juego de colores.

Pincel plano
n. 12

Pincel pla
n. 12

Pincel plano
n. 19/20

Hoja de práctica 66

Sigue practicando las hojas rizadas como estas
con el **pincel plano grande.**

115

Prueba ahora a abanicar más o menos tu **pincel plano grande** y sacarle el mayor partido posible a estas pinceladas.

En los próximos ejercicios te mostraré cómo ampliar las posibilidades de pintar hojas muy realistas. Para ello, nada mejor que la propia Naturaleza sea tu maestra.

Un día se me ocurrió la idea de lo útil que sería hacer un álbum de hojas, como aquéllos que hacíamos de pequeños en el colegio para la clase de ciencias naturales. Así que recogí varias hojas, las dejé secar entre periódicos poniendo un pesado diccionario encima y luego las plastifiqué con plástico transparente adhesivo. Aquí tienes en esta foto el resultado de algunas hojas secas de mi colección.

Después las empleé para mejorar las técnicas de pincel plano con dos o más colores y abanicado sobre la línea o eje central de la vena. Al principio puse el plástico transparente sobre las hojas secas para repasarlas y aprender a hacerlas a mano alzada.

Aquí tienes los resultados del proceso en varios ejemplos que he preparado como hojas de prácticas para realizar con el pincel plano n. 19/20 cargado en unos casos de verde pino y amarillo cadmio, en otros de verde claro y marrón, o incluso con tres colores añadiendo al verde y amarillo, el burdeos (ejercicio n. 69). Para ello, una vez que tengas cargados los colores en ambos ángulos y mezclados en el centro, tal y como has aprendido en la primera lección, puedes mojar la punta del pincel cargada con el color amarillo en el color burdeos. Tiene que ser un toque muy ligero o de lo contrario el borde de la hoja será demasiado intenso haciendo desaparecer el contraste con el amarillo.

117

Hoja de práctica 68

En este ejercicio ves como quedan las hojas de arce, de parra y de hiedra. Aprende primero a hacer estas hojas siguiendo las fotos de la derecha.

Hoja de práctica 69

En este último ejercicio de prácticas haciendo hojas, voy a mostrarte cómo se hace una hoja de arce en otoño, a tres colores y el **pincel plano n. 12.**

Carga verde pino en una esquina del pincel y amarillo en la otra, luego al ejecutar la pincelada mojas la punta del pincel cargada con amarillo en color burdeos. La ejecución de cada segmento es similar a la de la hoja de práctica 60. Al final trazas de nuevo el tallo desde el centro de la hoja hacia abajo empleando la pincelada hecha con el canto del pincel.

En esta lección aprenderás la última técnica básica que te muestro en este libro. Para ello necesitas el pincel u oval de cerdas naturales y esponjas suaves también naturales. El modo de manejar ambos lo he descrito en la primera lección, en las páginas 29 y 30.

Como comprobarás no tiene gran dificultad, pero tienes que familiarizarte un poco con su uso cuando cargas la esponja o el pincel de cerdas naturales con uno o varios colores a la vez.

Para ello, nada mejor que aprender de los maestros impresionistas franceses de finales del siglo XIX. El puntillismo de Seurat o la delicadeza de las pinceladas coloristas y vitales de Cezanne, Manet, y sobre todo Monet. Observa sus obras para ver cómo empleaban el color para crear formas. Cuando las miras a cierta distancia verás una luminosidad y una nitidez en sus composiciones que no se advierte cuando ves la obra de cerca.

Es importante, por tanto, que de cuando en cuando te distancies unos pasos y veas el progreso de tus pinceladas y así comprobar los resultados. Podrás darte cuenta si necesitas oscurecer más o aclarar ciertas zonas.

Esponjear la superficie que pintes te permitirá hacer ramajes de fondo, necesarios para dar profundidad a tu composición, flores secundarias que realzan la obra, o detalles finales que la rematan.

RECOMENDACIONES

❀ Tanto el pincel como la esponja deben estar secos y no húmedos como en las técnicas anteriores.

❀ Puedes cargar la esponja y el pincel de cerdas naturales con uno, dos o tres colores, cada uno en una zona distinta, y presionar la superficie con toques golpeando suavemente aquí y allá.

❀ Primero presiona con golpes suaves los colores más oscuros y luego superpones los más claros aquí y allá para dar profundidad y volumen a tu obra.

❀ Procura no sobrecargar con demasiados toques de color pues al estar la pintura húmeda terminarás por ensuciar demasiado el color que has puesto previamente. La clave de esta técnica en el arte floral está en dar pocos toques suaves que den sensación de profundidad y a la vez de aireación.

❀ Es muy importante que después de usar la esponja y el pincel de cerdas naturales los enjabones y laves bien, pues si no se lavan a fondo se estropean rápidamente.

❀ Practica cuanto puedas con ellos y disfruta siendo todo lo creativa que quieras jugando con todos los colores y combinaciones de la paleta básica.

❀ Si ves que has puesto demasiado color o lo has mezclado demasiado espera a que seque, esponjea en blanco, deja secar y empieza de nuevo.

Observa los distintos ejercicios que te he preparado para que adquieras soltura en esta técnica.

Hoja de práctica 70

Practica el esponjeado circular haciendo ramajes de fondo como los de esta práctica. Primero haz los tallos con el canto del pincel y luego mojas la esponja o el pincel de cerdas naturales en dos colores, uno junto a otro, y golpeas suavemente varias veces sobre la superficie para dejar la impresión de ambos colores. Cuando te quedes sin pintura en la esponja o el pincel, los recargas prestando atención a poner los colores frescos en el mismo lugar donde ubicaste los anteriores, así evitas emborronarlos. Recuerda que la esponja debe ser natural y suave, en cambio el pincel de cerdas duras o semiduras.

Hoja de práctica 71

Practica ahora el esponjeado lineal haciendo varas de relleno. Presta atención a colocar las impresiones en sentido longitudinal terminando cada vara en punta (utilizando para ello la punta o la esquina del pincel o de la esponja).

Hoja de práctica 72

Practica para coger soltura los distintos ejercicios de esponjeado de esta práctica. Como ves, la maceta está hecha con
dos pinceladas realizadas con el pincel plano, y el tronco con
el canto del pincel, usando los colores beis y marrón, siena
y marrón. La maceta y el tronco se hacen antes
del esponjeado.

123

Hoja de práctica 73

Observa en este ejercicio cómo hacer flores de sombrilla que resultan muy adecuadas para diseños con flores silvestres.

Primero haz los tallos y la copa de la flor, como en el ejercicio n. 2, después esponjeas primero en verde claro, luego en oscuro, y cuando estén secos, aplicas pinceladas irregulares con el pincel redondo con amarillo. Mientras aún está húmedo, cargas el pincel filbert con rojo en una esquina y amarillo en la otra y formas pétalos muy pequeños, empleando alternativamente un lado del pincel y el otro, y cargando pintura fresca en ambos lados con frecuencia.

Hoja de práctica 74

Esta práctica es una variación del ejercicio anterior en la que obtienes una flor de sombrilla distinta. Prueba tus propias combinaciones.

Prueba estas combinaciones para flores silvestres
con diversas técnicas ya aprendidas.

Hoja de práctica 76

Haz los tallos con el canto del pincel plano n. 12 y las hojas arrastrando el mismo pincel, empleando los verdes básicos. Para las flores azules sigue la hoja de práctica 25 y para el lazo azul la práctica 41 con sus respectivos pinceles. Para las varas rojas esponjeas en blanco y rojo como la hoja de práctica 71.

Hoja de práctica 77

Haz primero con el pincel plano n. 12, usando los verdes básicos, los tallos rectos y curvos según la hoja de práctica 2, como siempre con el canto del pincel. Luego las hojas rizadas con el mismo pincel según la hoja de prácticas 66. Finalmente, haz las flores esponjeadas blancas y violeta y blancas y verdes como los ejercicios anteriores de esponjeado.

Hoja de práctica 78

Al igual que los ejercicios anteriores, primero debes hacer los tallos con el **pincel plano n. 12** empleando el color marrón sepia. Luego, con el mismo pincel, haces las hojas con los verdes básicos y algo de marrón arrastrando plano el pincel. Las flores de sombrilla las haces esponjeando verde, amarillo, marrón y blanco como la hoja de práctica 73 y las espadañas las esponjeas verticalmente usando el marrón sepia y el amarillo cadmio. Las rematas con una pincelada en forma de gota de color marrón.

Parte 2

Selección de flores para pintar

Cornejo florido en primavera.
Arboritorum, Washington, D.C.

Al borde del camino

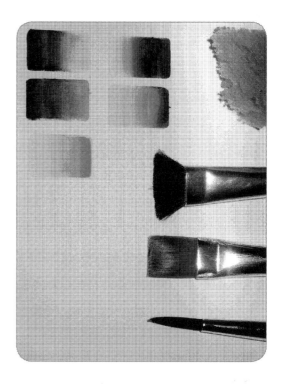

Materiales

- Pincel oval de cerdas naturales.
- Pincel plano n. 12.
- Pincel redondo n. 5/6.
- Trocito de esponja natural.

Colores y mezclas

- Verde pino y amarillo cadmio.
- Verde pino y crema.
- Ocre amarillo y blanco.
- Azul prusia y blanco.
- Violeta y blanco.

Primer paso

Sigue los ejercicios 1, 7, 15, 58, 71 y 72.

Segundo paso

Haz las flores del ejercicio 6 y la p. 94.

Rudbeckias

Materiales

- Pincel plano n. 12.
- Pincel filbert n. 8.
- Pincel oval de cerdas naturales.
- Pincel redondo n. 5/6.
- Trocito de esponja.
- Palillo.

Colores y mezclas

- Verde pino y crema.
- Verde pino y claro.
- Verde pino y amarillo cadmio.
- Marrón.
- Burdeos y blanco.
- Crema y amarillo cadmio.
- Crema y ocre amarillo.
- Naranja.

Primer paso
Sigue los ejercicios 2, 7, 11, 14, 37, 65 y 72.

Segundo paso
Sigue el ejercicio 26.

Ramillete campestre

Materiales

- Pincel plano n. 12.
- Pincel delineador.
- Pincel redondo n. 5/6.

Colores y mezclas

- Marrón y ocre amarillo.
- Azul cobalto y blanco.
- Verde pino y amarillo cadmio.
- Rojo y amarillo cadmio.
- Negro.

Primer paso

Espigas como el ejercicio 7 y
campanillas como ejercicio 38.

Segundo paso

Pinta de blanco primero las flores
y sigue el ejercicio 48.

Ipomeas

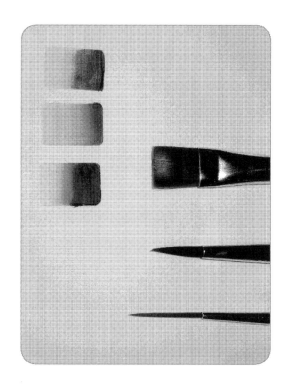

Materiales
- Pincel plano n. 12.
- Pincel redondo n. 5/6.
- Pincel delineador.

Colores y mezclas
- Crema y verde pino.
- Amarillo cadmio y violeta.
- Blanco y violeta.
- Blanco.

Primer paso
Tallos y hojas, ejercicios 1 y 67.

Segundo paso
Ejercicio 63 (aplicado a las flores)
y ejercicio 42.

Flores de verano

Azucenas y margaritas

Materiales

* Pincel plano n. 19/20.
* Pincel plano n. 12.
* Pincel redondo 5/6.

Colores y mezclas

* Verde pino y crema.
* Amarillo cadmio.
* Amarillo cadmio y naranja.
* Burdeos.
* Blanco.
* Tostado.
* Amarillo cadmio y verde pino.

Primer paso

Tallos y hojas de los ejercicios 1 y 14.

Segundo paso

Azucena como el ejercicio 52.
Margaritas como el ejercicio 11.

141

Rosal silvestre

Materiales

- Pincel plano n. 12.
- Pincel redondo n. 5/6.

Colores y mezclas

- Tostado y beis.
- Verde pino y verde claro.
- Burdeos y blanco.
- Marrón sepia.
- Amarillo cadmio.
- Blanco.

Primer paso

Tallos y hojas como los ejercicios 1 y 13.

Segundo paso

Flores como los ejercicios 48 y 21.

143

Fucsias

Materiales

- Pincel plano n. 12.
- Pincel delineador.

Colores y mezclas

- Verde pino, verde claro y un punto de burdeos.
- Burdeos y rosa pastel.
- Burdeos y violeta.
- Burdeos.

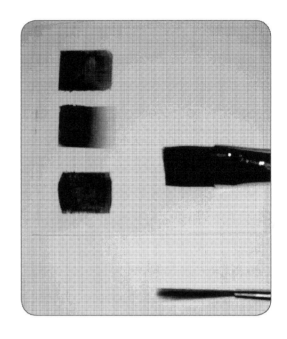

Primer paso

Tallos y hojas, ejercicios 1 y 67.

Segundo paso

Flores en los ejercicios 46, 47 y 18.

Malvalocas

Materiales

- Pincel plano n. 12.
- Pincel delineador.

Colores y mezclas

- Crema y verde pino.
- Magenta suavizado con blanco y violeta.
- Burdeos y crema.
- Blanco y violeta.

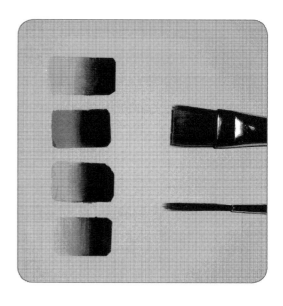

Primer paso

Tallos y hojas, ejercicios 1 y 63.

Segundo paso

Flores, igual pincelada que el ejercicio 63.

147

Flores de otoño

Cesta de octubre

Materiales

- Pincel plano n. 12.
- Pincel filbert n. 8.
- Pincel delineador.
- Trocito de esponja natural.

Colores y mezclas

- Ocre amarillo, amarillo y marrón.
- Ocre amarillo y verde pino.
- Marrón sepia.
- Siena y beis.
- Crema y violeta.
- Siena y amarillo cadmio.

Primer paso

Sigue los ejercicios 1, 12, 20 y 59.

Haz la base de la cesta como ves.

Segundo paso

Pinta las flores de blanco y sigue
los ejercicios 28 y 57.
Remata la cesta.

149

Girasoles

Materiales

- Pincel plano n. 12.
- Pincel oval de cerdas naturales.
- Pincel redondo n. 5/6.

Colores y mezclas

- Crema y verde pino.
- Amarillo cadmio y verde pino.
- Ocre amarillo, siena y marrón sepia.
- Crema y marrón sepia.
- Gel de flotación del color y una pizca de burdeos.

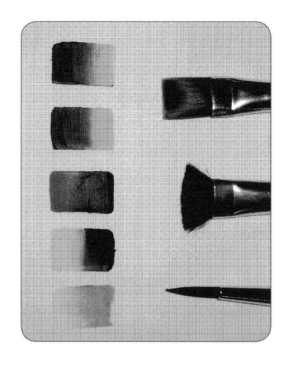

Primer paso

Sigue los ejercicios 1, 18, 68 y 78.

Segundo paso

Completa detalles con los mismos ejercicios.

151

Flores de invierno

Poinsetia y acebo

Materiales

- Pincel plano n. 12.
- Pincel redondo 5/6.
- Palillo.

Colores y mezclas

- Beis y marrón sepia.
- Verde pino y verde claro.
- Blanco.
- Burdeos, rojo y blanco.
- Verde hierba y verde claro.
- Amarillo cadmio y verde hierba.

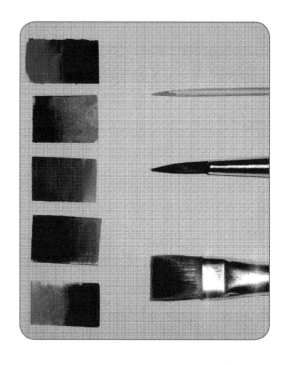

Primer paso

Sigue los ejercicios 1, 5, 61 y 65.

Segundo paso

Pinta de blanco la poinsetia y sigue el ejercicio 65.

153

Rosas rojas en San Valentín

Materiales

- Pincel plano n. 19/20.
- Pincel plano n. 12.
- Pincel delineador.
- Trocito de esponja natural.

Colores y mezclas

- Verde hierba, verde claro y crema.
- Rojo, burdeos y una pizca de negro.
- Blanco.

Primer paso

Sigue los ejercicios 1, 21, 46 y 71.
Y pinta de blanco el pétalo de arriba.

Segundo paso

Remata las rosas como el ejercicio 46.
Las hojas del ejercicio 65.
Y haz el lacito del ejercicio 42.

Camelia

Materiales

- Pincel plano n. 19/20.
- Pincel plano n. 12.
- Pincel filbert n. 8.
- Pincel delineador.

Colores y mezclas

- Burdeos, rojo y blanco.
- Tostado y crema.
- Verde hierba, verde claro y crema.
- Amarillo (estambres).

Primer paso

Seguir los ejercicios 1 y 48.

Segundo paso

Seguir los ejercicios 67 y 27.

157

Flores de primavera

Heraldos de la primavera

Materiales

- Pincel plano n. 19/20.
- Pincel plano n. 12.
- Pincel plano n. 8 (optativo).
- Pincel delineador.
- Palillo.
- Trocito de esponja natural.

Colores y mezclas

- Marrón sepia y ocre amarillo.
- Verde oliva y crema.
- Naranja y rojo.
- Amarillo cadmio y naranja.
- Violeta y magenta.
- Violeta y blanco.
- Blanco.

Primer paso

Hacer un boceto ubicando hojas y flores. Seguir los ejercicios 72, 1, 22 y 58. Pintar de blanco las flores.

Segundo paso

Seguir los ejercicios 18, 47, 52, 44, 48 y 72.

159

Clematis

Materiales

- Pincel plano n. 12.
- Pincel delineador.

Colores y mezclas

- Crema, verde claro y verde oliva.
- Magenta y rosa pastel.
- Sombra y ocre amarillo.

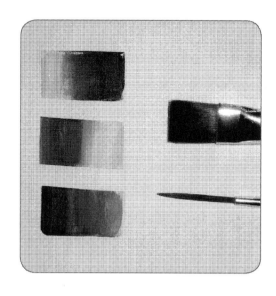

Primer paso

Hacer las hojas como el ejercicio 65. Marcar los pétalos.

Segundo paso

Hacer los pétalos como las hojas del ejercicio 65 y rematar los centros de las flores.

Jarrón con anémonas

Materiales

* Pincel plano n. 12.
* Pincel redondo 5/6.
* Trocito de esponja natural.

Colores y mezclas

* Gel de flotación, blanco y verde oliva (para el jarrón).
* Rojo y blanco.
* Violeta y blanco.
* Magenta y blanco.
* Verde pino y verde claro.
* Negro para el centro de las flores.

Primer paso

Repasar con gel y blanco el jarrón.
Después hacerlo con verde oliva y gel.
Hacer los ejercicios 1, 48 y 70.

Segundo paso

Seguir haciendo flores.
Hacer ramaje de fondo y hojas.
Hacer el centro de la flor.

162

163

Lirios y pensamientos

Materiales

* Pincel plano n. 19/20.
* Pincel plano n. 12.
* Pincel redondo n. 5/6.
* Trocito de esponja natural.

Colores y mezclas

* Verde oliva y verde claro.
* Verde hierba y verde claro.
* Violeta y amarillo cadmio
  (sin mezclar, uno en cada punta del pincel).
* Violeta y blanco.
* Amarillo cadmio y burdeos.
* Azul cobalto y blanco.

Primer paso

Seguir los ejercicios 22, 58, 48, 52 y 55.

Segundo paso

Hacer los pétalos siguiendo los
ejercicios 44, 52 y 55.

Flor de la pasión

Materiales

- Pincel plano n. 19/20.
- Pincel plano n. 12.
- Pincel redondo 5/6.
- Pincel delineador.

Colores y mezclas

- Verde pino y verde claro.
- Blanco y violeta.
- Amarillo cadmio.

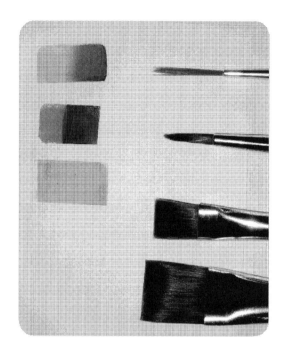

Primer paso

Sigue los ejercicios 1 y 58
y pinta de blanco la flor.

Segundo paso

Haz la flor en verde y blanco
y luego, como los ejercicios 44 y 52,
en color blanco y violeta.

Aves del paraíso

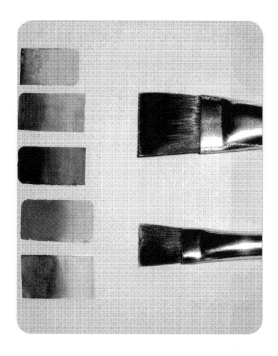

Materiales

- Pincel plano n. 12.
- Pincel plano n. 19/20.

Colores y mezclas

- Burdeos, verde claro y verde hierba.
- Burdeos, naranja y amarillo.
- Verde hierba y verde claro.
- Naranja y amarillo cadmio.
- Violeta y blanco.

Primer paso

Haz los tallos y las hojas siguiendo los ejercicios 17 y 65.

Segundo paso

Pinta de blanco las flores, después, con el pincel seco y un toque de blanco, ilumínalas.
Pinta las flores siguiendo el ejercicio n. 20.

169

Hibisco tropical

Materiales

- Pincel plano n. 19/20.
- Pincel plano n. 12.
- Palillo para hacer los estambres.

Colores y mezclas

- Verde pino y crema con un toque de amarillo.
- Burdeos y blanco.
- Amarillo cadmio.
- Puntitos en rojo y naranja.

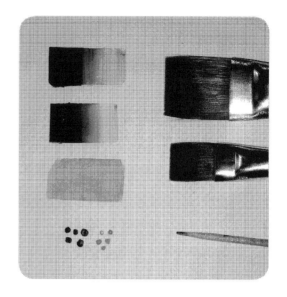

Primer paso

Sigueel ejercicio 65 para las hojas
y marca la posición de los pétalos.

Segundo paso

Pinta de blanco los pétalos.
Sigue el ejercicio 58 para los pétalos.

Orquídeas

Materiales

- Pincel plano n. 12.
- Pincel plano n. 19/20
  (puede sustituirse por uno angular
  como el de la foto).
- Pincel redondo n. 5/6.

Colores y mezclas

- Verde pino y verde claro.
- Blanco y verde claro.
- Burdeos y blanco.
  (los pétalos centrales pueden hacerse
  en blanco y rosa antiguo).
- Amarillo cadmio y blanco.
- Burdeos para puntear el pétalo central.

Primer paso

Haz un boceto mínimo a lápiz blanco
Sigue los ejercicios 1, 22 y 47.

Segundo paso

Sigue los ejercicios 47, 52 y 63 para
los pétalos centrales.

Galería floral

En esta última sección del libro voy a mostrarte algunos de mis murales florales para que así puedas ver las posibilidades de la pintura acrílica en muralismo decorativo. Todos ellos están pintados a mano alzada, como todas las pinturas que hay en esta obra. Tan sólo empleo muy pocas veces unos ligeros trazos a lápiz en diseños complejos o simétricos. En ocasiones para los diseños simétricos empleo utensilios que hay en todas las cocinas, por ejemplo platos, fuentes o vasos, según el tamaño del círculo que deseo hacer. Ojalá estas últimas paginas te sirvan de inspiración para decorar y poner algo de fantasía floral en las paredes de tu hogar y transformarlo en tu jardín interior. Las posibilidades son infinitas, puedes crear diseños que armonicen con los colores básicos de tapicería en la habitación y realcen su atmósfera, dando un toque acogedor de frescura y vivacidad, o de relax y serenidad.

Recuerda que estas técnicas te permiten acabar cualquier diseño en tus paredes en un fin de semana, simplemente prepara tus colores en la paleta-plato de foam, coge tus pinceles, ten una esponja húmeda a mano para corregir errores o limpiar alguna gota de pintura y deja volar tu imaginación. El resultado será que en esa habitación, vestíbulo o pasillo de tu casa habrás creado un ambiente nuevo y mágico para disfrutar.

175

179

183

184

185

186

Os presento a Clementina, nuestro lorito del Amazonas, en su jardín tropical.

Crocos de mi jardín en marzo, Pimmit Hills, Virginia.

Unas palabras de despedida

Confío en que hayas disfrutado de este camino que te he invitado a compartir a lo largo de estas páginas. Y como yo, te hayas enamorado de las flores y del fascinante y creativo mundo del arte floral. Espero que lo que has aprendido te permita disfrutar muchas horas pintando y desarrollando tu potencial creativo. Como has podido explorar, el medio acrílico es tan versátil como tu imaginación quiera hacer uso de él. Puedes pintar diseños sencillos, como los de los ejercicios de la primera parte, o más elaborados, como los de la segunda parte de este libro.

Sé feliz pintando las flores más bellas, tus flores.

Glicina de mi terraza en mayo. Pimmit Hills, Virginia.

*"Si puedes pintar una hoja,
puedes pintar el mundo entero"*

John Ruskin

Índice de ejercicios de prácticas

Nuestros periquitos listos para entonar acompañando al piano.